# 鉢形領内に遺された戦国史料集

## 第一集 別編

秩父歴史文化研究会

鉢形領内における北条氏邦を支えた人びとの調査研究部会

## 「鉢形領内に遺された戦国史料集」第一集　別編の刊行にあたって

秩父歴史文化研究会調査研究部　代表　新井　克彦

『本編』は、史料を正確に後世に伝えるという観点から、原史料の写真と、釈文のみの掲載にこだわって編集した。しかし、当会が史料を調査し、史料写真を撮影・収集し、それを刊行した考えの基には、貴重な鉢形領関係戦国史料を郷土史を愛好する多くの方々に広め、身近に感じていただくことにもあった。写真と釈文のみでは、その史料の持つ意味や価値を十分に普及することができず、あくまでも史料が一部の研究者にのみに利用されるだけのものになりはしないかという危惧を抱いたからである。

我々が紹介する史料をどう読むか、どう解釈するか、それは、様々な見解がある。また、その見解も、時々で変わる可能性も高いことも承知している。しかし、我々としては、これまで大切に保存されてきたこれらの史料が、この地域の歴史を考える上で、どのような意味を持っているかを考え、市町村史の資料編に一部見られるように、それを地域の人びとに伝えていくことの工夫も重要であると考えている。

そこで、史料集刊行に当たって、基本的史料集としての『本編』と切り離す形で、郷土史を愛好する人びと、さらに史料の背景にある地域の人びとが、ふるさとの歴史を身近に感じ、それを共有できるきっかけにするため『本編』をベースにして『別編』を刊行することとした。『別編』は「釈文」を「読み下し文」に、さらに現時点で考えられる一つの見解を綴った「解説」を加えている。これからの研究で見解が変わることもあるかと思われるが、『別編』を活用し、地域の歴史を紐解き、その中に見られる人びとの生活の有り様や、生き様を考える機会にしていただければ幸いである。

なお、『別編』は幸いなことに、鉢形領の研究に造詣の深い、当会顧問梅沢太久夫先生に執筆・編集をお願いしたところ快く引き受けていただいた。心からお礼申し上げる。また、本編にも記したように釈文作成に当たっては、浅倉直美先生、千嶋壽先生から助言をいただき、秩父歴史文化研究会「古文書部会」の会員が栗原一夫・黒沢恵美子の指導の下『新編埼玉県史』『埼玉県史料叢書』『埼玉の中世文書』『戦国遺文後北条氏編』『中世の秩父(秩父地区文化財保護協会編)』『吉田家文書の調査』等を元に、整理・編集したものである。

## 目次

## 一　北条氏邦の鉢形領支配とそこに活躍した人びと

秩父における戦乱は、文明八年（一四七六）に起きた「長尾景春の乱」からと言えよう。次は、永禄四年（一五六一）の秩父一乱であり、三回目の戦乱は、武田勢侵攻に伴う永禄十二年（一五六九）の「三山合戦」、四回目が、元亀二年（一五七一）の武田信玄による秩父侵攻である。この時は「信玄焼き」と言う伝承が今日まで伝えられる大きな被害を蒙っている。永禄・元亀段階の混乱の中では、秩父などの鉢形領内に多くの史料が残されており、貴重な戦国史料として注目されている。今回我々が調査して記録しようとしている史料であり、領内における土豪やその支配下にあった人びとの姿を浮かび上がらせてくれる貴重な史料であると認識している。

文明八年六月、鉢形城に拠って主家の管領上杉氏に反旗を翻した長尾景春は、県内では児玉・榛澤・秩父・幡羅を主たる拠点として上杉氏と戦った。その記録は扇谷上杉氏の将、太田道灌の記した「太田道灌状」よって知られるのみである。その中には秩父髙差須城攻略に際しての大串弥七郎や毛呂三河守・同左近太郎父子、多比良治部少輔等の武将の名前や、榛澤陣、大森陣或いは日野城などの城郭が記録されている。しかし、この乱の状況が知られる史料は、この「太田道灌状」のみで、秩父の人びとがどのような活躍をしたのかを知る手段がないのが実情である。

氏邦朱印Ⅰ型復元
縦 8cm、横 6.6cm

北条氏邦が鉢形城に入って領主権を行使し、領経営を開始したのは永禄四年末に終息した「秩父一乱」の後と見られるが、その年代の目安となるのが、栃谷の斎藤八右衛門に出された永禄七年六月十八日の氏邦の朱印状でろう。これは、今日知られている北条氏邦の朱印状最初の史料であるが、乙千代はこの時一六才で、既に元服し、「翕邦挹瀀」と言う印文と、上部に象と獅子とみられる動物を配した「Ⅰ型朱印」を使用した（註1）。この三年前に秩父一乱で反旗を翻したものの、永禄四年十二月三日の高松城開城を契機として、氏邦に従属した秩父左衛門尉など、在地の人びとを使って鉢形城を修築し、入城したと考えられている。

氏邦朱印Ⅰ型

勝呂山口文書　(6-459)　　天徳寺文書 (6-423)　　斎藤家文書 (6-405)

氏邦の鉢形入場前の鉢形領内では、『快元僧都記』に知られるように寄居町藤田日山館・花園城を本拠とする藤田氏と、秩父氏吉田に本拠があったであろう秩父氏という二人の国衆を中心とした支配体制の中にあったと言えよう。そして、松山には難波田氏、児玉には安保氏、深谷には上杉氏、忍には成田氏、岩付には太田氏、羽生には広田氏等の国衆が存在していた。これら国衆を束ねていたのが関東管領上杉憲政であった。

武蔵の支配体制が大きく転換するのは、天文十五年四月の河越合戦で、古河公方と管領上杉憲政の率いる軍勢は、北条氏康の軍勢に敗れ、憲政は上野平井城の本拠へ敗退した。それまでは、文明十年に長尾景春を敗退させ、太田道灌の進言を入れて管領上杉顕定が関東支配の拠点として入城していた鉢形城は、この天文十五年の合戦の中では語られることは無い。

榛澤郡西部の藤田末野を拠点としていた国衆藤田氏が、北条氏の軍門に降ったのは、河越合戦後の天文二十年頃と言われているが、具体的な年代は不明である。氏邦は両神薄薬師堂の十二神将の奉納墨書銘文から、天文十七年生まれと確認されている。幼名乙千代丸（乙千代）が藤田氏の下に娘聟として養子に入ったのは三~四才の頃と見られ、乙千代は小田原に留まって居たと考えるのが妥当であろう。

北条氏は、まず、天文十五年（一五四六）に河越城を死守し、管領上杉氏を上野に敗退させ、天文十六年十二月には松山城を太田氏から奪取して上田氏に与え、天文十七年一月に岩付城の太田氏を従属させている。天文十九年十一月に上野平井城を攻め、天文二十一年二月には金鑚御獄城に安保氏を攻めてこれを従属させ、武蔵の支配権を略手中にした。そして、同七月、氏康は松山城を修築し、北武蔵経略の前進拠点とした。一方、この松山城普請の最中、北条氏康は「高松筋で敵が動き、藤田がいろいろ願い出ているので、ひと働きを申し付け、敵を打ち散らした」（6－二〇三）と八王子の国衆大石道俊に伝えている。これを見れば、藤田氏はこの時点では間違いなく北条氏の旗下にあった。蹴散らかされた敵とはどのような人々であったのだろうか。河越合戦以後、藤田領内にあっては、用土新左衛門が北条氏に従っていたと見られ、天文十九年の平井城攻めに先立って、二月には上杉憲政の本拠内の藤岡市神田・川除郷を宛行（6－一九一）。六月平井城西隣となる金井村を宛がった事が知られる（戦北三六九）。そして一方では、藤田泰邦は天文後年に西秩父三山の斎藤右馬允に屋敷分一〇貫文宛行（6－付二六）を約しており、秩父地域内で藤田氏が領地宛行の領主権を行使していたことも知られ、秩父氏の存在が判らなくなっている。先に藤田氏によって蹴散らかされた敵とは秩父氏などであったのだろうか。

永禄四年、秩父一乱は起こった。天文二十一年に敗北した上杉憲政を奉じて、関東進出を触れた長尾氏の下に参陣した武蔵の国衆は『関東幕注文』に知られるが、松山城の上田氏を除いた上杉恩顧の全ての武将と言っても過言では無かった。鉢形領内では「藤田幕」を始め、桜沢氏・岡部氏・飯塚氏の藤田一門はこぞって参陣した。この時の藤田幕については、『上杉家御年譜』に永禄四年二月根田陣に参陣した武将として「花園城主藤田邦房」がおり、藤田本流の日山藤田氏もこれに加わっていたことが窺われる。

しかも、秩父一乱で、北条氏に攻められ開城した天神山城は、永禄元年の「北条家朱印状」（戦北五九三）によれば、藤田泰邦が在城していたところで有る。明らかに藤田氏は挙げて、北条氏に敵対し、乙千代に対峙していた。天文二十四年の泰邦死後、中心的支柱を失った藤田一門は、その拠り所を旧主上杉氏と、それを支えた長尾景虎に賭けたのであろうか。鉢形領内で、そのほかに敵対した国衆は、秩父左衛門尉で、高松城楯籠もり衆の中心人物であったのだろう。この秩父一乱段階では、乙千代の発給した判物を始め、北条氏の朱印状など、多くの史料が残される。乙千代は用土新左衛門等の働きで、秩父氏等の反旗を翻した人びとを、所領安堵という手段で完全に掌握した。そして、用土氏や秩父氏等の働きで、鉢形城を鉢形領の主城に相応しい形で修築し、入城した。この年は氏邦と名乗り、斎藤八右衛門にⅠ型朱印（註1）を押した朱印状（6－四〇五）を発給する前であった可能性が高い。史料から知られる秩父の武将達の中で、当初から乙千代に協力した人びとは、藤田氏の庶流用土新左衛門と斎藤八右衛門、逸見蔵人、高岸三郎左衛門、出浦小四郎、吉田宮内が確認され、或いは、山中の黒澤篠藏もこの範疇に入るのかも知れない。後に北条氏邦の主要な兵力となる秩父衆は、秩父一乱の敗戦の中で、乙千代に人質を出して帰順し、領地安堵を取り付け、用土氏の下で鉢形城修築などを通じて活躍を認められ、頭角を表した秩父左衛門尉とその一群の人びととなる。

第二段階は、永禄十二年（一五六九）の越相一和と、甲斐武田氏との和睦破綻に伴う争乱である。一方では、鉢形領経営の基盤を固めるため、農地開発を積極的に進め、また、在地の土豪や、それに連なる人びとを直接登用して、家臣化を進めるなど、軍事力整備にも意を注いだ段階でもある。朱印をⅡ型に改め、印文を「翕邦挹福」とし、上部に象と獅子を配したものにしている。末尾が灋（法）から福に変わったが、統治機能の整備から、領経営の安定化を目指す意図でもあったのだろうか。

永禄十一年末に、これまで敵対していた越後上杉氏と北条氏は、和睦の道を探り、北条氏邦は藤田新太郎氏邦を名乗り、その前面に立って沼田在城衆を介して交渉を担っていた。その交渉の使者の中には、秩父衆の一人とみられる閑野一左衛門が天用院の案内人（6－五六四）、一方では、黒澤右馬助が代官（6－六一二）として記録される。鉢形領内おける史料は、武田の軍勢との戦いに関するものが多く、その一つは、北条氏の駿河進攻

長谷部家文書（6―503）

氏邦朱印Ⅱ型復元（6―503）
縦6.8cm、横5.7cm

に伴う興津城攻めと薩埵山合戦時の感状で、氏邦の下に出陣した井上雅楽助（6ー五二七）・四方田源左衛門・源五郎（6ー五三六ほか）がいる。また、秋には、武田信玄が上野から金鑽御嶽城・鉢形城・滝山城を攻め、北条領を荒らし、三増峠を経由して帰陣している。この時、鉢形領は九月九日、十日と続いた御嶽城と鉢形城外曲輪における合戦で大きな被害を蒙っている。さらに、武田別働隊による秩父谷侵攻に伴い、三山で大きな合戦が行われ、この合戦時における走り廻りに対して高岸左衛門尉・斎藤右衛門尉五郎・出浦左馬助・多比良将監等への感状が出された。一方、この前年の永禄十一年には、氏邦の世代になって進められたのであろう小前田開発に伴って、領主大森越前守と開発に入った長谷部兵庫助に対して、六年荒野として諸役免除を与え（6ー五〇三）、その開発を奨励している。長谷部氏は、永禄八年の長谷部源三郎宛忍城主成田氏長の判物（6ー四三九）によれば、長谷部氏は忍の商人であり、鉢形城下内宿内の甘粕小路にいたことが知られる。そして、長谷部氏等は、大森越前の下で小前田開発に成功したのであろう、元亀元年、長谷部兵庫助ほか、開発に入った十人に朱印状（6ー六八五）を与え、小前田を諸役不入の地とし、新たに小前田衆として編成し、足軽勢として鉢形軍の一翼を担わせている。持田四郎左衛門を当主とする荒川衆もまた、深谷市荒川・只沢地区の開発に従事した一群で、十一人は、天正五年、嶋村近江守の下に荒川衆として編成され、足軽として軍事編入された（6ー八八五ほか）。また、永禄十一年には町田氏は、鉢形の小園の白岩惣次郎所有地の検地の時、その代官的立場で書き出しを受け取り（6ー五一八）、始めて史料上に登場する。そして、武田信玄の領内への侵攻を受けて、活躍した秩父等の人びとに直接感状を与え、領地などを宛行って、積極的に家臣化を推進している事が知られる。その典型としてあげられるのが、山口氏を中心とした上吉田一騎衆であろう。その一員と見られる山口二郎五郎が、永禄九年、末野に僅かな土地を与えられて家臣化された（6ー四五九）と見られるが、上吉田在住の山口上総守は、永禄十二年に上吉田村を与えられ（6ー五八〇）、小さいながらも物見の城を管理する迄になり、元亀二年には神流川流域の山中地域に三村を領する領主（6ー六八〇）、天正二年には上吉田村代官（6ー七九三）として確認される。

　斎藤八右衛門も、この段階でようやく約束に近い領地を与えられ、定峰の代官などに就任し（6ー七四〇）、急成長を見せる。これらの人びとはその在地にあって、地域の安定化等を推進し、鉢形支配の一翼を担ったのであろう。この様に、氏邦は、在地の人びとを鉢形勢の中に取り込む積極的施策を推進するが、その範たるものが軍事力増強であった。そして、一方では、永禄十二年からの武田氏の侵攻や、元亀三年以降の上杉氏の侵攻に対処する中で、鉢形軍の整備拡充を図った。なりふり構わぬ寄せ集め軍団と言われないように、北条軍の一翼を担う鉢形軍に相応しい体制整備に意を払っている。山口氏（6ー八七五）、逸見氏（6ー八〇〇）、吉田氏（6ー一〇一二）、長谷部氏（6ー六八五）、持田氏（6ー九二七）に出された軍法によってその実態が知られる。

　吉田氏は、永禄五年用土新左衛門の下（6ー三五七）でその出現を見るが、吉田新左衛門は天正二年（一五七四）、阿熊谷など上吉田の山間を中心に、黒澤篠蔵の下で活躍していたことが知られ（6ー一〇一三）、天正三年には、同心衆を預かる（6ー一〇一二）立場にまで急成長したことが理解される。この背景は、後に、黒澤氏や吉田氏が鉄炮に長けた集団として存在している事から、北条氏の秩父進攻段階に、用土氏を通じて北条氏の下に参じた、鉄炮と火薬の扱いに長けた郷人の可能性が高い。そうでなければ、その後の第三段階における吉田氏の急成長を理解できないだろう。

　第三段階は、天正八年（一五八〇）、武田勝頼との西上野を廻る争奪戦に始まる。その先駆けは吉田和泉守に与えられた北条氏政感状に知られる天正七年正月の倉賀野合戦であろう。この年、氏邦は朱印を改め、これまで冠していた象などの絵柄部分を削除し、「翕邦挹福」という印文のみのⅢ型朱印としている。その初例は、天正八年六月の山口家文書一三となる。

天正八年六月、沼田城の用土新左衛門が武田勝頼の調略にあって、沼田城を武田氏に渡した。用土新左衛門は藤田信吉を名乗り（群7ー三〇二）、武田側の沼田城主となったが、天正十年三月の武田勝頼の自害によって、上杉氏の下に逐電し、以後、上杉氏の重臣の一人として天正十八年を迎えている。

第三段階では、北条氏の北進策により、北条氏邦は西上野から信濃方面への軍事作戦を担っている。当面の敵とした武田氏は、織田氏の圧力を受け、内部崩壊を起こし、武田勝頼は、天正十年三月十一日自害し、滅亡する。この時の情勢を巡って、氏政と氏邦の緊迫した情報のやりとりを記した三上氏所有の書簡（6ー一〇九六～一一〇三・一一〇八・一一〇九）は、この当時の氏邦の立場や、北条氏政の決意を知る上で重要である。その後、織田信長の重臣瀧川一益が関東管領として上野に入り、天正十年（一五八二）四月箕輪城に入る。北条氏邦を始め、関東の武将はこれに従っている。六月二日、本能寺において信長が自害すると、北条氏は六月、厩橋城に瀧川氏を攻め、十六日と十八日の二日にわたる金窪・神流川合戦を行い、神流川合戦を勝利し、西上野の支配権を奪取してした。秩父孫二郎宛の秩父衆一二九人を書き上げた著名な「氏邦朱印状（写）」（6ー一一〇九）は、この時の出陣を指示したものと確認したい。六月、氏邦は箕輪城を拠点として吾妻川筋への進攻で、大戸城を修築し、中山城を攻略し、沼田ー上田ルートの遮断作戦を展開した。はやくも六月には沼田城に氏直が入り、七月九日には真田昌幸が従属している。この吾妻・沼田進攻の中で、天正九年十二月に新木河内守以下二百四人の忠信を讃え、働き次第、名胡桃を渡すとの約束（6ー一〇九五）をして、沼田領確保の足がかりとしている事も知られる。そして、天正十年と推定される年の七月二十八日、氏邦は赤見山城守の旧領を安堵し、被官百姓を集め、北条氏に奉公することを求める判物（埼史ー六七三）を出し、天正十一年三月、赤見山城守以下五十七人も取り込んだ（沼田市史資料編二四三）。長瀞の瀧上屋敷に入った岩田氏の養子中山玄蕃（埼史ー一八六、6ー一一六四）は、この吾妻・中山進攻の中で、氏邦に付いた中山氏ゆかりの武将であったのだろう。権田城下に居し、後に、鉢形城下の矢の根鍛冶として記録される権田鍛冶もその一人であったと考えられる。ここで新たに浮上してきた武将として、藤田大学邦綱がいる。藤田大学の初出史料は、「桜井武兵衛覚書」（群7ー三六三九・三六四〇）であるが、藤田大学が沼田城攻めの時に行われた森下城攻め（天正十年カ）に、一番乗りを果たしたという記録で、この人物は、後に越前結城秀康の家臣として母衣衆四百石を宛行われている武将なのである。そして、吉田新左衛門に、越前結城藩家老本多伊豆守家臣としての再仕官の道を導いた人物でもあった。木部兵右衛門宛て藤田大学邦綱書状（埼史ー付一四三）に知られるところでは、どうも藤田氏邦の子供か関係者であるらしい。

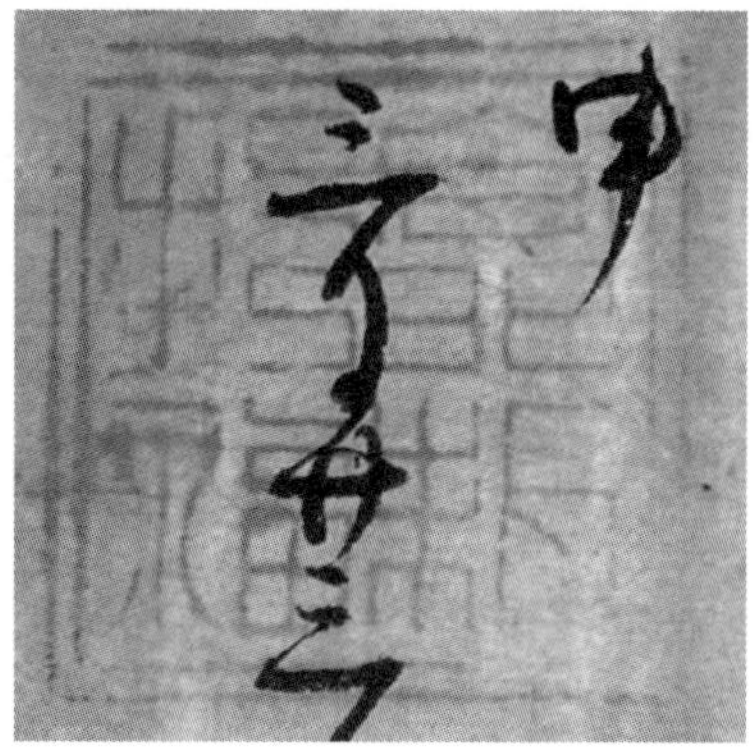
持田家文書（6-1249）
縦5,5cm、横5.7cm

氏邦朱印Ⅲ型復元（6-1249）

天正十年（一五八二）七月には、武田氏の旧領を廻る徳川家康との戦いが始まる。北条氏直を前面に立てた北条対徳川の戦いは、「これに敗れば当方滅亡」という背水の陣で始まったが、この決戦も決着を迎えることなく、突如和睦した。その背景は、上杉氏の北信濃への進攻と、沼田進攻に対処するためと考えられている。そして、天正十一年六月十一日、徳川家康は娘徳姫を氏直に嫁す事とし、輿入れを通知している。この時の合戦で出された山崎弥三郎（6ー一一五八）、山本与太郎（6ー一一五九）、河田新四郎（6ー一一六〇）あての感状がある。一方、この段階では山中領は児玉を一部含めて、氏邦の支配下にあったものの、長井政実が領主として実効支配し、その支配権を行使している事が知られるのである（6ー一〇一七・一〇四一、一一〇六）。しかし、天正十三年以降は飯塚氏等に北条氏邦が直接朱印状を発給（6ー一二八九）しているのが知られるところで、長井氏の存在がわからなくなっている。

この徳川氏との和睦で、上野・信濃・甲斐方面は、一旦安寧の時間が生じたが、関東の東方では、佐竹氏と太田氏の画策により、羽柴秀吉との誼を背景に、反北条の動きが高まり、天正十二年春には沼尻合戦が起こる。二月二十六日に発せられた北条氏朱印状に、「来月出馬為すべく急ぎ支度を」（埼玉の中世文書三六一）というのはまさにこの決戦への備えの指令であったのだろう。児玉の久米氏にも「火急出馬候、来二十六日無風之嫌、久々宇・本庄迄可為着陣候」（戦北二六五四）と北条氏直からの朱印状が出されており、緊急の出陣であった事が窺える。この時、秩父孫二郎は太田金山城に在番している。天正十六年、秩父孫二郎は氏邦奏者として確認される。天正十四年の史料（6－一三二七）に「秩父曲輪」としてその存在が確認されるように、鉢形城三の曲輪に屋敷を構える迄になり、氏邦の最も重要な側近として成長した。そして、天正十一年以降、秩父の武将では上野に転進していた吉田和泉守・吉田新左衛門父子の活躍が特出される。吉田和泉守父子は天正十一年、向こう十年間の諸役不入の権利を得て、本庄の小島台開発（6－一二三五）に入り、天正十六年五月には、小嶋郷（本庄市）百貫文（6－一四三二）、黛郷（上里町）百五十貫文（6－一四三二）、併せて二百五十貫文を宛われる大身の武将と成長している。そして、沼田街道を押さえる権現山城（6－一四三一）に入り、猪俣邦憲の下で岩井山砦（6－一七〇六）・榛名峠城（6－一四一三）を兼帯して、北条氏邦の最前線を守ると言う重要な役割を担った。吉田新左衛門は、この頃の史料に見られるように、鉄炮衆二〇人を抱える武将であり、権現山城では自身の備えとして鉄炮十五挺、合薬千五百発・玉三千二百・焔硝一箱など多くの武器弾薬を備えている（吉田系図）。

　この他、天正十五年以降になると、史料の多くは北条氏対羽柴秀吉という構図の中での文書が主体となる。この中でも、羽柴秀吉に依る北条征伐のきっかけとなった猪俣邦憲らの名胡桃城奪取が特出される事件で、吉田新左衛門も重臣の一人としてこの事件に大きく関わり、名胡桃城下下川田に二百貫文を領し、新たに鉄炮衆三〇人、鑓衆二〇人、弓衆二〇人計七〇人の軍勢を擁した（6－一〇〇六）事は特記に値しよう。しかも、名胡桃城攻略は、天正十六年五月七日に猪俣邦憲に指示された（6－一四三一）既定路線であったのである。

　北条氏邦の鉢形領は、天正に入ると、上野にその勢力を拡大し、天正十年に一時的な中断の時期もあるが、箕輪領や中山領、沼田領などの接収と共に、地域の土豪達を直接家臣化し、軍団の拡大を図っていることが知られる。その一方では、秩父在地の人びとには、恩賞に与える領地不足が生じてきていたのであろう。その事を類推する史料として、香下源左衛門に出された朱印状（6－一四九七）がある。その中には、四五貫八百文の内の一部は四方田源左衛門の知行一騎分をつぶして出した物と記されているし、天正十八年の事であるが、大浜弥八郎に宛行われた贄川二二貫文の地は百姓に逃散された新井縫殿助・同喜兵衛分を召し上げて宛がったと（6－一五〇七）記しているのである。

　天正十七年十一月二十四日、豊臣秀吉は北条氏に対して宣戦を布告（6－一四八六）し、十八年（一五九〇）三月には自身が出馬した。鉢形城は北国勢によって五月から攻撃を受け、六月十四日に開城し、北条氏邦は前田利家預かりとして能登へ移された。前田家から千石を給されていたが、慶長二年（一五九七）八月八日に没している。

　鉢形開城後の鉢形家臣の行くえは、その多くは記録されていない。この様な中で、藤田信吉は天正十年沼田出奔後、上杉景勝の下で越後長島城主として活躍した。会津転封に伴って会津へ帯同し、津川城主となったものの、慶長五年（一六〇〇）に徳川の下へ再び出奔し、関ヶ原合戦後の慶長五年、下野西方藩一万五千石の大名となった。しかし、元和元年（一六一五）大坂夏の陣で館林藩主榊原康勝の軍監として従軍し、失敗して蟄居、西方藩は消滅した。元和二年（一六一六）に奈良井宿で没している。

　吉田新左衛門は上杉景勝に仕官し、慶長三年（一五九八）一月、上杉氏の会津転封に従い、会津郡山に五五〇石を領し、開墾に従事している。そして、吉田新左衛門組二〇人を預かる将として活躍していたが、慶長六年（一六〇一）上杉家の出羽転封による一二〇万石から三〇万石への減封に伴って浪人した。慶長七年（一六〇二）、吉田新左衛門父子は藤田大学邦綱を頼り、その後、越前結城氏の家老本多伊豆守家臣として仕官したという。伜善兵衛の仕官は慶長一〇年（一六〇五）の本多伊豆守判物で確認される。しかし、善兵衛信重は、父新左衛門を越前の弟藤左衛門重秀に預け、二男左馬助重基を連れ、元和三年（一六一七）武蔵へ帰郷した。会津・越前時代の記録も『吉田系図』に見られ、吉田氏の下に東使弾正・逸見四郎左衛門の存在が知られている。そして、信重の長男定重は、東使弾正の養子として後に紀州徳川家に仕え、逸見四郎左衛門は徳川家に旗本として仕官していることも確認される。このほか、箕輪城にあって、北条氏滅亡後、城主に入った井伊家に仕官した武将の中に、天正十五年十二月の史料（6－一三五四）に記される閑野帯刀がいたことも「池田藩除帳」に知られる。いずれにしても北条氏滅亡を受けて、氏邦家臣は再仕官の道をたどったと思われるが、その行くえは未だに多くを確認できない。一方では、逸見（蔵人）氏、原谷斎藤氏、出浦氏、高岸氏、内田氏、三山斎藤氏、山口氏、大濱氏、彦久保氏、三上氏、持田氏、長谷部氏、町田氏等々、数多くの氏邦家臣が再仕官を求めず帰農した。その結果として、今日我々が調査対象としている多くの史料を残す家々が多いのも、秩父を中心とする旧鉢形領内の特色である。

註1　氏邦の使用した朱印ついては、昨年の当会が行ったシンポジュウム資料集に詳しい。

新井浩文二〇一八「鉢形領と北条氏邦の朱印の変遷とその意義について」

ここで新井氏は、氏邦朱印Ⅰ型を永禄七年六月から永禄十一年十二月まで、Ⅱ型は永禄十二年七月から天正八年八月まで、Ⅲ型は天正八年十二月から天正十八年五月までの使用が確認できるとしている。

なお、この朱印の区分については、埼玉県立文書館昭和六十年度特別展解説『鉢形城主　北条氏邦文書展』の中でも概要が記されている。

今回、朱印の復元を試みたが、その中でもⅠ型の復元では印影が不鮮明で難しかった。特に、永禄七年に見られる斎藤氏への朱印は、独特な印影を示し、永禄八年正月に発給された用土新六郎宛朱印状以降の印影とは映像に相違点が有るように観察できるが、どうも汚れや、ずれであるらしいので、より明確な永禄八年以降の印影をベースに復元した。これ以上追究はできない。念のため数例を図示した。

註2　本文中で表記する（6－〇〇〇）は『新編埼玉県史』資料編第六巻、（12－〇〇〇）は『埼玉県史料叢書』第十二輯における掲載番号である。

## 二　鉢形領時代の秩父に遺された古文書の読みと解説

**三山齋藤家文書　東京都新宿区早稲田　齋藤富美子氏蔵**

**三山齋藤家文書1　藤田泰邦書状**　（天文二十一年・一五五二年カ）本編4頁

**【読み下し文】**

今度ちうせついたし候はば、屋敷分十貫文の所、相違あるべからず、謹言、

五月九日　泰邦

斉藤右馬允殿

（封書上書）〆　齋藤右馬允殿　陣より

**【解説】**本史料は、藤田領の領主であり、天文二年（一五三三）の三峯神社の棟札に「秩父郡主」と記す藤田業繁（法名、実名・邦広）の次の藤田氏当主祖繁（泰邦）の県内唯一の貴重な文書として特出される。内容は三山の齋藤右馬允に対して、忠節を条件に屋敷分十貫文の領地宛行を約した物である。この史料によって、小鹿野町三山地区においても、花園城主藤田泰邦が領主権を行使していたことを確認できるだろう。藤田泰邦は天文二十四年（一五五五）九月十三日に没していることが知られるので、この文書は天文二十四年以前の文書であろう。先に記した「北条氏康書状（写）」（6－二〇三）では、天文二十一年、北条氏康は藤田泰邦に「敵を討ち散らす」よう指示しているが、これに従って、藤田氏は秩父へ進攻し、敵を打ち散らしている事が考えられる。この書状の封紙上書きに「齋藤右馬允殿　陣より」とあり、藤田氏は合戦の為に出陣し、陣中からこの書状を出した事を示している。この書状が出されのは、天文二十一年の可能性が高いと言えるだろう。

本資料は寛保元年（一七四一）に幕府の命を受けた青木文蔵（昆陽）によって調査されて以来、『武州文書』秩父郡の記録として、その存在が知られた史料である。以後の調査は行われた形跡が無い。この時の幕府が借用した記録の写しとして、三山齋藤家に伝えられる史料がここに示す文書である。写真版としては初公開である。この時、青木文蔵（昆陽）は秩父地方に入り、古記録の悉皆調査を行っている事が知られるが、高岸家・山口家にも同様な預かり証を「覚」として出した記録が残されている。しかし、

**「青木文蔵覚（写）」**写真（齋藤富美子氏蔵）」

ここに記録される史料名は次の氏邦文書「氏邦より齋藤右衛門五郎宛感状と、もう一点は伝馬関係文書と思われる「極月十七日」付け文書と記されている。一方、武州文書には明らかに、「三山村里正齋藤甚右衛門所蔵弐通之内」と朱書され、齋藤家文書1・2が掲載されており、この極月十七日の文書は無い。この内容の齟齬については今日確認することは難しい。

三山齋藤家文書2　**北条氏邦感状**（永禄十二年・一五八九年）本編5頁

【読み下し文】

三山谷へ敵相働候処に、抽而相稼ぎ、高名致すの由、比類無く候、殊に、親に候新左衛門尉、遂に討死候事、不敏候、向後に於いて走廻るは、一廉重ねて扶助すべきもの也、よってくだんのごとし、

永禄十二年己巳

七月十一日　氏邦(花押)

齋藤右衛門尉五郎殿

【解説】永禄十二年（一五六九）の三山合戦において、右衛門尉五郎の父新左衛門尉が討死をしたことに対する哀れみの言葉と、今後の走り廻りに対しての新たな扶持の約定である。そして、この時は、九月二十三日付けで、齋藤三郎右衛門が高岸氏と共に、氏邦から感状（高岸家文書4）を貰っている。この三郎右衛門宛の感状は、高岸氏が保管している物である。右衛門尉五郎との関係は不明であるが、三山齋藤氏の一族の一人であったのだろう。そして、右衛門尉五郎は右馬允を名乗り、翌、元亀元年四月十日に新舟又五郎分の知行地を宛行われている（山口家文書19）。

**埼玉県指定文化財**

**斎藤家文書　秩父市栃谷　斎藤古寿氏旧蔵・埼玉県立文書館蔵**

斎藤家文書1　**乙千代丸判物**　（永禄四年・一五六一年）本編6頁

【読み下し文】

今度、使いを為し、難所をしのぎ罷り越し候、忠節候、何様本意の上、一所宛うべきものなり、よっての状くだんのごとし

九月八日　乙千代丸（花押）

斎藤新四郎殿

【解説】この史料は、「秩父一乱」に関わるものである。斎藤新四郎（斎藤八右衛門尉の息子カ）が、秩父で北条氏に敵対した武将達の情報(カ)を乙千代丸に伝え、これに対しての感状である。乙千代丸は北条氏康の四男で、天文十七年生まれであり、天文末（四・五才の頃カ）に藤田泰邦の下へ娘聟として養子に入り、福と結ばれた人物である。天文十五年以降の北条氏が武蔵を席捲した中で、藤田氏は、その従属の証として乙千代丸を受け入れている。乙千代丸と署名した文書はこの一通のみで、直ぐに乙千代と名を改め、以後、永禄七年頃まで乙千代を名乗る。

　秩父一乱の時、乙千代は小田原に在城していたと見られ、親元の日山藤田氏や、その一族まで巻き込んで反北条一色に染められ、混乱していた秩父を抜け出して、小田原迄反北条勢の情報をもたらした功績を称えている。そして、この文書では、秩父の反乱を鎮圧して平定するという本意を達することが出来れば、領地を与えると約束している。

　この年は既に北条氏の軍勢が秩父の日尾城を落とし、天神山城を開城させていること等から、永禄三年という考えもあるが、秩父進攻の前に重要な情報がもたらされたということであり、そして、「如何様本意の上」と言う言葉を考えると、永禄四年の北条氏が反転攻勢に転じた時の出来事と理解できる。

斎藤家文書2　**北条氏康判物**（永禄四年・一五六一年）本編7頁

【読み下し文】

今度大宮合戦に高名致し候、忠節候、ことに先日南小二郎帰路の時、三沢谷にて横合いの砌、走り廻るの由候、両度の働き、神妙に候、よって三沢谷において二十貫文の地くだし置かれの状、くだんのごとし、

十月十七日　氏康（花押）

斎藤八右衛門尉殿

【解説】永禄三年秋の長尾景虎関東出陣で、旧上杉氏温故の国衆達が旧主帰りを致し、北条氏は小田原城さえ落城するかも知れないという窮地に落ちいっていたが、永禄四年閏三月、上杉景虎の急遽の帰国を好機と捉え、反転攻勢に転じたのである。夏には青梅の三田氏を滅ぼし、九月には東松山の高坂に在陣していたが、その時点で既に、日尾城を攻略し、天神山城を開城させている。十二月三日には、髙松城の栖籠もり衆に開城要求を突きつけているが、大宮合戦はこの途中の出来事と捉えられる。従って文書に紀年は記されていないが、永禄四年十月十七日に発給された感状で、この合戦の最中に栃谷の斎藤八右衛門尉が大宮合戦で高名を挙げ、さらに南小二郎の帰陣途中、三沢における遭遇戦でも戦功を上げた。これに対する恩賞として、三沢谷の中に二十貫文の地を与えると約束されたのである。二十貫文の領地がどこの部分かは特定出来ないが、一貫文は田二反歩に相当するというから、田であれば四町歩の領地宛行を約束された事になる。

斎藤家文書3　**北条氏邦朱印状**（永禄七年・一五六四年）本編8頁

【読み下し文】

綿役之事

一ハ（一把）　間々田十郎太郎
一ハ（一把）　同式部
一ハ（一把）　大夫（だいふ）
一ハ（一把）　若林

以上

右三沢において二十貫文地、御本城御扶持なされ候ところ、相違の由、申し上げ候、
然（らば）知行の内にて、買いさせられ候、
公方綿四把一回、ご赦免候、
いよいよ走り廻るべき旨、仰せ出されるもの也、
よってくだんのごとし、

永禄七年
甲子
六月十八日三山之を奉る
（氏邦朱印I型）

斎藤八右衛門尉殿

【解説】この文書は、斎藤八右衛門が、先に北条氏から約束された三沢谷二十貫文の所領について、その通りになっていないと訴えた。既に鉢形領を支配し、朱印状を発給し、氏邦と名を改め、領主権を行使していた氏邦は、斎藤氏に対して不備を認め、宛行う土地が無いので、当面の措置として綿役四把分を一回赦免すると記し、今後も、ますます走り廻り、功績を挙げるように申しつけると言っている。

綿役とは養蚕に伴って生産する真綿に掛かる役分と考えられるが、ここで述べている「買いさせられ候公方綿四把」とは、大途の御用で買い上げる真綿と考えられ、その四把分をそのまま、斎藤氏が所有して良いということであろうか。一把は、大人の一抱え分の量と考えるのが一般的であろう。

この時、斎藤氏は大途の御用を司る代官的な立場にあったと言えよう。斎藤家文書1に関係する文書であろう。藤田領の領主として、鉢形領支配を軌道に乗せ、藤田氏邦を名乗った氏邦が、領主権を行使した事が確認できる最初の朱印状である。

斎藤家文書4　**北条氏邦朱印状**（永禄九年・一五六六年）本編9頁

【読み下し文】

下地方之事

広木之内

三貫八百文　黒澤新右衛門分

以上

右、先年忠信の砌、一所出すべきの由、申しそうらえども、
相当の地これ無き間、彼の地出し置くものなり、よってくだんのごとし

永禄九年
壬（閏）八月二日三山五郎兵衛之を奉る
（氏邦朱印I型）

斎藤八右衛門尉殿

【解説】斎藤家文書1に関わる文書であると考えられる。永禄四年の斎藤氏の功績に対して、所領を一ヶ所与えると約束していたが、適当な土地が見つからない為、児玉郡内の広木にある黒澤新右衛門が所有している三貫八百文の土地を与えるとしている。

斎藤家文書5　**北条氏邦朱印状**（永禄十一年・一五六八年）本編10頁

【読み下し文】

炭焼等諸役並びに関津料・木口、いずれも免許せしめ候、非分の儀、申し懸かる者、これあらば、即、申し上げるべきものなり、よってくだんのごとし、

十二月六日（氏邦朱印Ⅰ型）　三山

定峯谷
炭焼中
觸口
斎藤八右衛門尉殿

【解説】永禄十一年十二月発給の藤田氏邦のⅠ型朱印最後の史料といえる。斎藤八右衛門は定峰の炭焼衆を束ね、この人びとに氏邦の指示・命令を伝える触口役に就いている事が知られる。この地区一帯は、後に「大河原炭」と呼ばれる江戸城御用炭生産地として著名な地区であるが、この文書は、戦国期から秩父市定峰地区が、有数な製炭地であった事が理解できる史料である。

斎藤氏はこの炭役等に掛かる「役」を免除され、さらに、船の通行税と木材の運搬に掛かる税を免除された。これも、先の宛行不足を補う一環であろう。この史料によって、荒川を使った舟運と、木材運搬が行われていた事が確認できる史料として貴重である。舟運の史料は、永禄八年一月、用土新六郎に出された朱印状にも知られるが、これ以外には全く知られない。一方、氏邦家臣の内、逸見氏と金室氏、ならびに持田氏は、江戸初期段階では、荒川の木材筏を管理監視する村役人としての活躍が知られており、氏邦の時代から、そのような業務と役割が存在していたことを示していることが考えられる。荒川の河川交通調査では、秩父地区に於いて多くの筏場の存在が報告されている。この筏場と接するように存在する河岸段丘崖上に所在する諏訪城・宮崎城・寺尾城・永田等の城郭の存在も河川交通の管理監視に関わる城郭ではないかとして注目している。

斎藤家文書6　**北条氏邦朱印状**（元亀三年・一五七二年）本編11頁

【読み下し文】

知行方

六貫文　定峯之内、間々田分
三把　役綿
三貫八百文　広木之内、黒澤新右衛門分

以上

右、先年忠信致すにより、これを出し置くものなり、よってくだんのごとし

元亀三年
七月二十六日（氏邦朱印Ⅱ型）

斎藤八右衛門殿

【解説】北条氏邦から、元亀三年七月二十六日に斎藤八右衛門に出された朱印状である。これまで、当分の間として宛行われていた定峰の間々田氏関係の綿役四把分や、黒澤新右衛門分三貫八百文の下地に代わって、間々田氏が持っていた六貫文の土地、綿役三把分の役分、ならびに、黒澤新右衛門の所領の下地分を宛行われていた。ここで、改めて領地として与えるという内容である。永禄四年の約束が元亀三年になってようやく実施されたた事が確認される。

なお、ここで綿役三把分知行と言っているが、意味がわからない。養蚕の真綿生産に掛かる税の免除分を受け取れと言う事か。

斎藤家文書7　**北条氏邦朱印状**（元亀三年・一五七二年）本編12頁

【読み下し文】

知行方　定峯之内

六貫百七十文　間々田分増

以上

右、先年忠信いたし時分、一所下されるべき由、仰せ出されるについては、彼の地遣わし候、もし百姓など、とかく申し、他所へ罷り移る者これ有らば、見合い、絡め取り、披露遂げべくものなり、よってくだんのごとし、

元亀三年　七月二十六日　（氏邦朱印Ⅱ型）

斎藤八右衛門殿

【解説】先に宛行われた定峰の旧間々田氏分について、検地が行われ、六貫百七十文増加していることが判り、その増加分が所領として改めて宛行われた。これで斎藤氏の所領は十五貫九百七十文となった。このほか、綿役分三把分が宛行われている。そして、そこの百姓が不満を唱え、他所へ逃げようとする者がいたら、見つけ次第捕まえ、連れてくる様にと言っている。処断するのであろう。

斎藤家文書8　**北条氏邦朱印状**（元亀三年・一五七二年）本編13頁

【読み下し文】

三貫五百文　本辻

三貫七百十二文　増分

以上七貫弐百十二文

右、若林木工助分、代官仰せ付けられ候の間、

御年貢等無沙汰無く、御蔵へ進納申すべきものなり、よってくだんのごとし

申　七月二十六日　（氏邦朱印Ⅱ型）

斎藤八右衛門尉殿

【解説】斎藤八右衛門が、若林木工助の領地についての代官を仰せつけられ、若林木工助の元々の領地三貫五百文と、検地増分三貫七百十二文の併せて、七貫二百十二文の年貢を鉢形城の御蔵に間違いなく納めるように申し付けられている。これまでに、定峰の炭焼衆の触口となっていたのは確認されていた。永禄七年の文書で、若林分綿役一把と記されていた人物の領地の代官に就いていたことを示している。干支が申としか記されていないが、朱印は氏邦Ⅱ型であり、元亀三年の発給と確認される。これによって、元亀三年には、斎藤八右衛門は少なくとも定峰谷の支配権を手中にしたことを確認して良いだろう。しかし、永禄四年に北条氏によって約束された三沢谷には、相変わらず領地は宛行われていない。

斎藤家文書9　**北条氏邦朱印状**（天正二年・一五七四年）本編14頁

【読み下し文】

百卅俵　炭二十六人分　ただし一人に五俵宛

此内

七十八俵　おこし炭、全阿弥に之を渡すべし

五十弐俵　鍛冶炭、黒澤所へ之を納むべし

以上百三十俵

右、かくのごとく、毎年これを調え、炭奉行人に相渡すべく、何時なりとも、御用時分、無沙汰無く、走り廻るべきもの也、よってくだんのごとし、

甲戌
九月一日（氏邦朱印Ⅱ型）
斎藤八右衛門殿

【解説】定峰谷の炭焼触口の斎藤氏に、焼いた炭の具体的納入方法についての指示文書である。これによって、定峰では熾し炭の他に、鍛冶用の炭を焼いていたことが知られる。そして、鉢形においては、黒澤氏が鍛冶を束ねる役に有った事が窺えるのである。黒澤氏は黒沢右馬助、或いは上野守繁信カ。

**斎藤家文書10　北条氏邦朱印状**（天正十六年・一五八八年）本編15頁

【読み下し文】

受領
右、山城守に任ぜられるものなり、よってくだんのごとし、
天正十六戊子年
正月三日（氏邦朱印Ⅲ型）
斎藤山城守殿

【解説】斎藤氏には、元亀三年以降も三沢谷に二十貫文が宛行われた確証はない。この年、晴れて氏邦から山城守を受領した。しかし、北条氏の鉢形領支配の初期段階から、重要な家臣の一人として存在を示し、定峰の触口・代官として確認される以外、その役割や立場を知ることは出来ない。

**山口家文書　秩父市上吉田　山口　実氏蔵**

山口家文書1　**北条氏邦朱印状（写）**（永禄四年・一五六一年カ）本編16頁

【読み下し文】

憲政、景虎走り向いの砌、厩橋焼き払い、殊に以て、横地において馬上一騎、討ち取り候事、比類無き勤め、満足せしめ候、
如形右衛門佐老母、正龍寺に欠け落ちの由、不審の様態なり候、
此の方より知らず様に、
従って、息の孫五郎舎弟大膳正大将赦しの条、大鉄炮・弓注書を添え、
褒美せしめの間、一廉支配の内、在所上吉田一騎の者召し連れ、
早く討ち取るべきものなり、よってくだんのごとし
四月二日（乙千代花押）
山口上総守殿

【解説】この文書は、永禄四年、用土新左衛門宛文書に似せて写し、作成された物であろう。内容の前半は良く似通っているが、後半は全く異なる。元亀二年に討ち死にした山口上総守の息子、孫五郎の舎弟大膳正が大将を許され、大鉄炮、弓の注書を添えられたうえ、褒美を受け、支配地一帯である在所の上吉田一騎衆の者を引き連れ、早く討ち取るべきと指示された。この文書は、内容的に意味が不鮮明で、特に前半は永禄五年四月、用土新左衛門尉宛て書状（6－三三九）に似せた文、随而以下の後半は、前半を受けてのように見られるが、文意も繋がらず、意味不明である。山口氏が北条氏の被官と確認できるのは永禄十二年以降である。

山口家文書2　**北条氏邦朱印状（写）**（永禄十二年・一五六九年）本編17頁

【読み下し文】

「野城（の）在る上吉田村」
二十八日注進状、朔日到来、くわしく披見、よって、館沢筋に松田肥前守討取りの条、誠にもって満足せしめ候、これに依りて右の褒美、扶助致すものなり、
巳
七月七日　三山これを奉る
山口孫五郎殿
「是ハ阿かきはんなり」

【解説】巳の歳と言うから、永禄十二年七月七日に出された感状である。六月二十八日に出された戦功を記した報告は、七月一日に詳しく見たと言っている。皆野町と秩父市境の城峯山に向かう谷間の立沢筋において戦闘があったのだろう。武田氏家臣、松田肥前守を討ち取った事に満足の意を伝え、褒美を与えると約束した。朱印状として出されたもので、写しの最後に赤き判が押されていたことを記す。また、頭書の「在野城上吉田村」の記載は後記のものと見られる。奉行人は三山氏であり、従って、この朱印は氏邦朱印で、発給年からⅡ型である事が知られる。

山口家文書3　**北条氏邦朱印状**（元亀二年・一五七一年）本編18頁

【読み下し文】

山中之内
一ケ所　あそふ村
一ケ所　をより
一ケ所　なか嶋
以上

たびたびに於いて、粉骨を尽くし、走り廻り、
ことに、息、孫五郎討死いたし候、忠節比類なく候、
褒美として、右の三か村扶助せしむもの也、よってくだんのごとし

元亀二年辛未　（氏邦朱印Ⅱ型）
卯月七日　三山　これを奉る
山口上総守殿

【解説】元亀二年四月七日にこれまでの山口上総守の働きに対して、北条氏邦が神流川流域の山中地域（神流湖以西の神流川上流域）内にある麻生村・大寄村・中嶋村の三ケ村を与えると言うものである。山口氏は上吉田村を含め四ケ村を領する領主となった。特に、この年の二月には武田勢の侵攻による石間谷の合戦が起きているが、この侵攻によって、上総守の息子山口孫五郎が討死をしており、この事が大きな躍進の裏付けとなった事が知られる。この文書発給の奉行人と記される三山は、幼少の頃から氏邦を支えてきた奉行人で、小鹿野町三山出身の武将であり、北条氏重臣の一人と浅倉直美氏は昨年度の当会主催シンポジュウム基調講演で述べられている（二〇一八年三月、同資料集）。

山口家文書4　**乙千代判物（写）**（元亀二年・一五七一年カ）本編19頁

【読み下し文】

度々の忠孝、これを致し候、数々重ねの処に、先頃信玄走り向いの刻、
一段ご気遣い候に、いよいよ手柄定め、帰り候由、承り候、
重ね重ねの在城、油断無く構えるべき旨、其の意（たまわられる）べく、
次に進退続かず共、当秋までの内、堪忍（す）べく候、
随い、扶持（致す）べく候状、よってくだんのごとし、

乙千代
未六月二日　（花押）
山口上総守殿

山口家文書5（写）**「4に同じ文書」**本編20頁

【解説】この文書は未歳であり、信玄が進攻して来たことを記している文書で、その内容から元亀二年と見られるが、乙千代とあり、大いに疑義がある文書である。

山口家文書6　**北条氏邦判物**（元亀二年・一五七一年）本編21頁

【読み下し文】

此の度、日尾より、野伏相触れ処に、いずれも罷り出て走り廻りの由、諏方部主水助申し越候、肝要に候、帰城の上、褒美（す）べくもの也、よってくだんのごとし

未
七月廿七日（北条氏邦花押）

山口物主
上吉田
壱騎衆
其外
衆中

【解説】元亀二年、武田氏の再びの侵攻にともなって、日尾城から野伏に参集の触を出したところ、多くのものが参集して走り廻ったと、城主の諏訪部主水助が報告してきた。非常に大切な事で、鉢形城に帰ったら褒美を致す考えであると、上吉田の番城を預かる山口氏の元に集まった一騎衆と、その外の野伏達などに出された感状である。

山口家文書7　**北条氏邦朱印状（写）**（元亀二年・一五七一年）本編22頁

「高岸家文書の写」

【読み下し文】

この度、信玄出張の刻に野伏以下相集め、抽んでて走り廻りの由、諏訪部主水助申し上げ候、誠に以て感悦候、ますます、今後も武具等嗜み、走り廻りについては扶持（す）べきものなり、よってくだんのごとし、

元亀二年辛未極月三日　氏邦（花押）

高岸対馬守殿

「右は半納大棚部織之寄りの所蔵、本文と見え申さず候、写し置く」封紙に「これは新右衛門書き写し申し候」とある

山口家文書8　**北条氏邦朱印状（写）**（元亀二年・一五七一年）本編23頁

【読み下し文】

この度、信玄出張の刻に、郡内において馬上一騎討ち落としの由、諏訪部主水助申し上げ候、感悦候、益々、今後も抽んでて、走り廻りについては、扶持（致す）べきものなり、よってくだんのごとし、

元亀二年辛未極月三日　氏邦（花押）

栗原宮内左衛門尉殿

【解説】これらの文書は、大棚部の高岸氏所蔵の文書の写しと栗原氏が貰った感状の写しである。元亀二年の山口家文書六号との一連の感状とみられ、山口氏が六号関係文書として収録したので有ろう。そうだとすれば、三山合戦などで、氏邦の参陣要請に応えた上吉田一騎衆やその他衆中とされた人びとの中に、この二人が居たことが窺われる。

山口家文書9　**北条氏邦朱印状**（元亀四年・一五七三年）本編24頁

【読み下し文】

新舟又五郎、毎度、御番以下を着到の如く之を致さず、結句、代など越しの由、一段重科に候間、知行を召し上げ候間、斎藤右馬允に出し置き候、家門共に之を出し候ものなり、よってくだんのごとし、

癸酉

卯月十日（氏邦朱印Ⅱ型）大好寺

これを奉る

逸見平右衛門殿

【解説】三山の逸見平右衛門の家子であったであろう新舟又五郎は、決められた番役など、着到状に決められた兵役を自分では勤めず、何時も代わりのものをよこしている。これは大変な重罪である。この事により、新舟又五郎に与えていた領地を取り上げ、（三山の）斎藤右馬允に与えた。一族あげてこれを差し出すこと。以上である。北条氏邦に代わり大好寺氏が奉行人としてこの命令を伝える。

領主から領地等を貰うと、その人は、領主に対して諸役を負う義務が生じる。その一つに軍役があり、着到という形で示される。鉢形領では約十貫文に一人という割合で課されていることが知られる。年号はなく、癸酉という干支が記されている。癸酉の干支は、近年では元亀四年と永正十年（一五一三）であり、氏邦の時代では、元亀四年（七月二十八日からは天正元年）とわかる。従って、この年は元亀四年四月十日である。

山口家文書10　**北条氏邦朱印状（写）**（天正二年・一五七四年）本編25頁

【読み下し文】

谷津中の者共欠け落ちいたす由、耳に入り候、
如何様にも夜待ちをいたし、絡めとり、申し上げべく候、
則、褒美すべきものなり、よってくだんのごとし、

戌　「御朱印有」

二月十日

上吉田
代官
百姓中

【解説】この文書は、戦乱に伴って逃散した百姓の召し返し命令である。谷津内の者共と記していることから、上吉田の谷間の村の者と言う事になろうか。村から逃げ出した事を聞いた。どのような手段を使っても夜中に待ち伏せし、捕まえて、報告すれば、直ぐにでも褒美を与えるといっている。戌年であるが、朱印の形を見ると、象と獅子の図柄が書かれているので、氏邦朱印Ⅱ型に該当することが判り、その年代は天正二年である事が解る。戦争になると、必ずその地域の人びとは、乱暴狼藉（略奪・誘拐・暴行・刈田・薙ぎ払い等）により大きな被害を受ける。そこで、人びとは村から逃げ、その被害から身を守る行動を取っている。この避難が一時的なものは、山の中などに小屋掛けをして、そこに逃げ込み、戦乱の収まるのを待つ方法をとる場合がある一方、家族や一族などで村を捨て、戦乱のない地域に逃げる逃散・欠落がある。この後者の場合、村の耕地を耕す働き手がいなくなり、疲弊する事になって、領主は大きな痛手を蒙り、ひいてはその規模が大きければ、領そのものの維持さえ困難な状況となるのである。領主にとっては、百姓等の逃散は極めて重大な背信行為で、決して許すことは出来ない。そこで、領主はその土地を預かる小領主に対して、人びとの「召し返し」を命令し、場合によっては逃散を無かったことにして、罪を問わないという事までしても、人びとの帰村・帰農を促している。小領主にこれが出来ない場合には、領地召し上げ等の懲罰を加えている。

山口家（旧蔵）文書11　**北条氏邦朱印状（写）**〔「諸州古文書」十二所収〕（天正二年・一五七四年）本編26頁

【読み下し文】

四貫文　本銭借り為されの辻
以上、
右、代物、前々の如く、恵比寿銭を郷中大小人借り候、御算用のことは、
一ヶ月に五分と、十ヶ月を定めて五割、ご算用申し上げるべく、公方銭候
間、如何様の子細候共、つぶれ候事、あるまじく候、懸け落ちこれ有るは、
郷中出合い、本利共に弁済申すべきものなり、よってくだんのごとし、

甲戌八月十七日（氏邦朱印Ⅱ型）

上吉田
代官百姓中

【解説】この史料は、『諸州古文書』十二収録文書として知られる。天正二年に出された公方銭の運用に関する返済要領で、郷中の人びとに貸した場合の金利算定要領で有る。これによれば、一ヶ月に五文とし、十ヶ月を限度に五割の金利を掛けるという。この五文というのは百文に対しての金利を示していると考えられる。四貫文の借銭の場合は限度月一杯借りた場合、四貫文×〇．〇五×十ヶ月で金利は二貫文となり、これは四貫文の五割に相当する。元利合計は六貫文と言う事になろう。一ヶ月の金利は二百文となる。月五％の金利は相当な高利である。返済できない場合は、どんな子細があっても郷中の連帯責任として、その完済を命じている。

山口家文書12　**北条氏邦朱印状**（天正八年・一五八〇年）本編27頁

【読み下し文】

番衆十人ずつ申し付け候、此の内童など参り候らわば、
諏訪部所へ申し越し、いかにも人改めをも致すべく候、
また、紙小旗をも致し、二十本も三十本も立て置くべく候、
よくよく念を遣わし、走り廻るべく者也、よってくだんのごとし

辰
三月廿二日（氏邦朱印Ⅱ型）
山口下総守殿
各衆中
小川殿
宮前殿

【解説】山口氏は小さいながらも物見の城（女部田城カ）の番を任せられた。これは、番城の番頭を務める山口下総守とその衆中、ならびに山口氏と共に番役を命じられている小川氏・宮前氏に対して在番衆の扱いに関しての指示文書である。城の番は十人で行うこと、この十人の中に子供がいるようなら日尾城の諏訪部の所へ連絡し、どのようにしても人改めすること。また、紙の小旗を二十本、三十本も用意して立て、いかにも兵が沢山いるように見せかけるなど、よくよく念を入れ、走り廻り活躍をするようにせよと命令している。山口氏は上総守が知られ、下総守宛はこの文書一つである。或いは上総守の間違いの可能性も有る。天正八年は武田との緊張が高まっている中で、西秩父の備えを進める一環として出された物であろう。

山口家文書13　**北条氏邦朱印状（写）**（天正八年・一五八〇年）本編25頁

【読み下し文】
御預かりの蔵銭本利共に調え、来る極月二十日を切りにて、
御蔵へ納めるべく申し付け（るもの）なり、よってくだんのごとし

辰
六月十五日　「此朱印角判也、上に獅子象なし」
山口上総守殿

朱印に上部の図柄が描かれていないので、氏邦朱印Ⅲ型で天正八年以降であり、辰年と有って天正八年の文書である。浅倉直美氏は、これによりこの文書は、氏邦朱印Ⅲ型の初例と知られるという。

山口上総守は上吉田代官として鉢形に納めるべき蔵銭について、元利合計の金額を十二月二十までに、鉢形城の御蔵に納めるよう申し付けられている。蔵銭（くらせん）とは、鉢形に納める税で、金納されるものであり、山口氏がその徴収を任されていたのであろう。これは吉田において、人びとに貸し付け運用を図っているものを、本利共に徴収して納めることとされたと理解される。先の文書と合わせ、鉢形領内おける、蔵銭の運用実態を示す史料として重要である。

この文書は、かつて山口氏の元にあった史料で、現存していない。書き込みに、武左衞門にくれたと記している。

**埼玉県指定文化財　出浦家文書　小鹿野町両神薄　出浦信行氏蔵**

出浦家文書1　**南図書助判物**（永禄五年・一五六二年）本編28頁

【読み下し文】
知行方の事
五貫文　圓岡
　田村にあり
壱貫文　松村弥三郎分
　末野にあり
弐貫文　少林寺分
　以上八貫文
右、昨年以来、日尾において、走り廻りについて申請、これを進じ候、
御大途の御判形は、各々一通に罷り出し申し候間、
拙者の判、これを進（まいら）（せ）候、よってくだんのごとし、
八月十二日南図書助（花押）
出浦小四郎殿

【解説】両神の郷人出浦小四郎は、秩父一乱に際して、北条氏に協力し、日尾城周辺で活躍をしたことを申し出て、南氏がこれを上申し、その功績が認められ、八貫文の領地を宛行われた。この宛行状は、この時の活躍を認められた西秩父の人びとに、一括して出されたらしく、宛行状を

個別に貰うことを望んだ出浦氏に、副え状として日尾城攻めの大将で有った南図書が出したものである。しかし、この本通と見られる感状は今のところ確認されない。

この年、北条氏の反攻によって、夏には日尾城が落城しているが、八月上旬には落城が確認され、感状が出されている事が解る。日尾城落城は、遅くも七月迄で有った可能性が高い。ここで注目されることは、二貫文であるが、藤田氏の菩提寺である末野少林寺の領地が割愛され、出浦氏に与えられていることだろう。永禄四年、日山藤田氏も北条氏に敵対したが、この中で藤田氏の没落が決定的な段階にあり、藤田氏旧領の解体が始まったと理解しておきたい。

### 出浦家文書2　北条氏邦朱印状（永禄八年・一五六五年）本編29頁

【読み下し文】

知行方の事

十貫文　阿佐美の内

以上

右、日尾忠信、比類無き候間、彼の地、出し置き候、

いよいよ走り廻るについては、扶助せしめるべきものなり、

よってくだんのごとし、

永禄八年乙丑

二月二十四日「氏邦」（花押）

出浦左馬助殿

【解説】永禄八年、日尾城における活躍を認められ、改めて十貫文の地を、与えられた。そこは、児玉郡の浅見にあった。両神に在住している出浦氏には、遠方の土地である。この辺の領地宛行の事情は、先の秩父一乱において、秩父氏等に、今後の忠信活躍を担保に、旧領安堵をした関係上、秩父では新たに与える領地を確保することは困難であったことが背景にあるのだろう。小四郎は、左馬助に名を改めたと見られる。江戸期に入った慶長三年の「中郷地詰帳」では、案内人として出浦小四郎名があり、左馬助が隠居して式部を名乗っているところを見ると、この小四郎は式部の子と見られる。そうだとすれば、出浦氏は小四郎から左馬助そして式部と名乗りが変わっていったものと考えられる。

### 出浦家文書3　北条氏邦感状（永禄十二年・一五六九年）本編30頁

【読み下し文】

三山へ、敵相働き候ところ、仕合に及び、高名致し候事、感悦候、

向後において、走り廻るは、重ねて扶助すべきものなり、

よってくだんのごとし、

永禄十二年

七月十一日　氏邦（花押）

出浦左馬助殿

【解説】秩父の西、志賀坂峠口に当たる小鹿野町三山に武田勢が侵攻し、合戦に及んだが、出浦左馬助が高名を上げた事に感じ入った。そこで今後も走り廻れば、更に扶持をすると約束している。

これは、秩父における武田勢との合戦の最初で、「三山合戦」として名高い。更に九月、武田信玄は上野から金鑚御獄城を攻め、鉢形城の外郭まで侵攻し、大激戦を行い、鉢形勢に大損害を与えている。その後、滝山城を攻め、小田原城下に放火し、三増峠を経由して甲府に帰陣した。この武田軍の威力を目の当たりにして、北条氏は滝山城・津久井城の再整備を行っている。三山への侵攻軍は、武田軍の別働隊と見られ、この時の合戦の感状はこの他にも遺存している。

### 出浦家文書4　北条氏邦朱印状（天正四年・一五七六年）本編31頁

【読み下し文】

軍□（諸州古文書にて復元）

一さし物□□（四方）地くろ、いつれもあたらしく致す可き事、

一立物、金か銀か、

一、鑓担ぎ、走りあて、皮笠着せ、童へ、御陣へ連れまじき事、
一鑓、金物の間一尺五寸づつ、銀をすべき事、
一手蓋はこれを致す事、
一さし物は竿に巻く事、堅くいたすまじく候、外す度に皮子へ入れべき事、
黒の羽織は、平生着ざるように嗜みの事。
一楯、横七寸、厚さ五分、長さ二尺五寸の事、
右、七夕以前出来させ、お目に懸けるべき候もの也、
よってくだんのごとし、

（天正四年）丙子　六月十三日　（氏邦朱印Ⅱ型）

出浦左馬助殿

【解説】天正四年、この年は、上杉謙信は最後の関東出陣で、東上野を侵攻している。北条氏は、関宿を中心にその備えを固め、上杉謙信に備えているが、これに合わせて、北条氏邦が鉢形城軍を改めて整備した物であろう。この他にも山口氏に同様な軍法を出し、十月には荒川衆を編成した。

この出浦家に保存されている軍法は、虫損等が激しいが、江戸期に幕府によって筆写された写で、その略全貌がわかる。鉢形城軍の旗は地黒で四角形な物であること、軍勢は黒羽織を着用と記されているが、逸見氏の与えられた軍法にも、武具は手蓋・佩楯まで着け、中間小者まで黒と致すべき事とあって、その軍装は黒備えであったことを示している。指示された軍装は次の様に示される。

一、旗指物は「四方」（鉢形軍は指物の形は四尺の正方形に統一されているので）とし、下地は黒。どれも新しいものであること。
一、甲の立物は金か銀であること。
一、鑓持や歩者にまで皮笠を被せ、子供は陣へ連れてこないこと、
一、鑓の柄の金物と金物の間は、一尺五寸づつで銀を施すこと、
一、手蓋が全員が付けること、
一、旗指物は竿に巻き着けてはならない。外す毎に、皮子へ入れておく事。
兵は黒の羽織を普段は着ないで揃えておくこと。
一、楯は横幅七寸（二一㎝）、長さ二尺五寸（七五㎝）、厚さ五分（一・五㎝）とする、
右のように七夕以前に準備をして、見せるようにする事、

## 出浦家文書5　北条氏邦朱印状　（天正五年・一五七七年）　本編33頁

【読み下し文】

知行方
五貫文　田　入阿佐見
三百文　畠　同所
壱貫文　田　阿那志
以上六貫三百文定納
三貫七百文　永不作
合拾貫文
以上
右の地、阿佐見の村、当年相改め、出し置き候、
知行致し、走り廻るべきものなり、よってくだんのごとし

丑　八月二十六日　（氏邦朱印Ⅱ型）

出浦左馬助殿

【解説】朱印はⅡ型であり、丑は天正五年である。永禄八年二月に宛行われた領地の詳細が示されたものであろう。十二年目にして、改めて土地の詳細を調査して出したと言っており、十二年前の宛行地は荒れ地であり、開墾を要する土地であったと思われる。これは改めて調査したうえで決めて宛がった物であるから、領地として支配しろと言っている。その土地は具体的で児玉の入浅見地区（関越自動車道児玉ＩＣ周辺）に五貫文の田と一貫文の畠の他、少し離れた美里町阿那志に一貫文の田を宛がったが、これは定納分の土地。そして、残り、永楽銭高三貫七百文の土地は、荒れ地で作物が十分取れないとして、免税地と認定された。十二年前に出浦氏に宛行われた土地が、ようやく収益を得られる土地となった事を示していると考

えられる。

出浦家文書6　**北条氏直書状**（天正十七年・一五八九年）本編34頁

【読み下し文】

（三月）二十二日の御状、今辰刻、披見申し候、
足利城破却でき、去る二十一日、御帰城の由、肝要候、山角を始め検使衆、
帰参模様、聞き届け候、恐々謹言

三月二十四日　氏直（花押）

安房守殿

【解説】北条氏が天正十七年足利城を攻め、これを攻略し、「破城」したことを伝える書状である。東関東の北部攻略は、天正十二年の沼尻合戦以来、絶えることなく続けられていた。天正十三年一月には金山城・館林城攻略。四月からは皆川攻め、十四年四月には小田領・佐野領へ進攻、五月沼田進攻、撤退。六月皆川城攻略。天正十六年八月鉢形勢足利着陣、足利城攻め、そして、十七年三月に、最後まで残っていた足利城攻略し、破城を行った。この破城とは、城郭の破壊という手段を示す物であるが、実際は全面破壊では無く、城の主要な部分（例えば、堀・門・橋・櫓・主屋など）を壊し、その機能の一部を使用不能にする行為が主体であったと言われる。これを北条氏邦の軍勢が行い、小田原から検使役として、山角（定勝カ）等が出向いている。但し、この氏邦宛の書状が何故、出浦氏の元に伝わったのかは全く不明である。氏邦宛北条氏政の書状は、この他にも、他家に沢山所蔵されており、或いは鉢形城落城後、保管関係者の元から流失し、それを旧家臣の家が何らかの理由で手中にした可能性が考えられる。

出浦家文書7　**北条氏邦朱印状**　（天正十八年・一五九〇年）本編35頁

【読み下し文】

今度、日尾籠城、身命を投げ打って走り廻るべく候、和定の上、隠居分の為、
一所出すべき候ものなり、よってくだんのごとし、

庚寅

五月八日　（氏邦朱印Ⅲ型）

出浦式部殿

【解説】干支から知られる年は、天正十八年である。この時、北関東では北国勢による北条攻めが本格的になり、小田原では、豊臣秀吉が小田原城攻囲の軍を展開している時である。朱印は明らかにⅢ型の「翕邦挹福」で、間違いなく天正十八年が正しい。武蔵では五月三日に河越城が開城しており、五月二十日には岩付城が落城している。この様に武蔵全体でも、北条軍は拠点的城郭での籠城戦を余儀なくされている段階で、果たして、日尾城を守備する意図があったか疑問はある。しかし、この感状は主たる軍勢が鉢形城に集結籠城という中で、日尾城は出浦氏にその守備が任せられていた事と理解したい。この様な感状は、松山城でも知られることで、松山城守備に回った木呂子丹波守父子、上田河内守父子に対して、合戦終結後、領地宛行を約する感状を氏直が出している。しかし、西武蔵地域では、甲信に地域に隣接し、境目の地域として、常に武田勢との緊張の中にあった日尾城ではあったが、当時の緊迫する情勢の中で、秩父西端の小城を守ることが、重要な意味を持っていたのだろうか。日尾城が戦国鉢形領下で戦略上重要な位置を占めた時期は、永禄十二年から元亀二年にかけての武田信玄侵攻段階であろう。出浦氏の隠居・式部（左馬助が小四郎に代替わりし、式部を名乗っている）が粉骨砕身日尾城へ籠城していた事へ、和が定まったら出浦式部の隠居分としての土地を与えると伝えた感状であろう。

**堤家**（**旧出浦家**）**玄廣旧蔵文書　小鹿野町両神薄**　『諸州古文書』十二武州

堤家文書1　**伝馬手形**（**写**）天正十三年・一五八五年）本編32頁

【読み下し文】

伝馬三疋出すべく候、御手脇（てわき）、堤に下され、一里一銭除くべきものなり、
よってくだんのごとし、

之を奉ず

酉

十二月廿五日　今阿弥

（馬印「常調」）
浅羽より小田原迄
宿中

【解説】両神薄村の医者出浦玄廣が持ち主と、諸州古文書の当該部分に朱書されている。文書の内容は、北条氏が御手脇（『戦国史年表』後北条氏編ではこれを北条氏の近習とする）の堤氏に伝馬を無料で使用する事を許可し、それを、現在の坂戸市浅羽から小田原迄の宿中に命じた物である。

御手脇についてその用例を知らないが、最手脇なら「ほてわき」と称し「相撲取りの次席・関脇」となる。しかし、写文書を見る限り、最と御の書き間違いとは考えられない。この玄廣(天明二年正月十六日没)について、薄村医者の系譜に堤家があり、堤家系譜には、一世堤左近、小田原から両神へ移る。天正十九年没。三世治兵衛の時、母方の出浦に姓を改めたと記している。そして、六世玄廣の時、再び堤姓に改めたという。十世玄篤の時これを記すとある。青木文蔵が文書を借用したのは、寛保元年（一七四一）、この復姓前の時であったのだろう。天明四年（一七八四）の「薄村指出明細帳」（『両神村史』史料編３）に医師二人の記録があり、天保十三年（一八四二）の「萬覚帳」（『両神村史』史料編４）の中には散薬を貰った相手として「玄篤老」が記されている。

**埼玉県指定文化財　高岸家文書　秩父市上吉田　高岸五郎氏蔵**

高岸家文書１　**北条家朱印状**（永禄四年・一五六一年）本編36頁

【読み下し文】

当郷諸役免許せしめ候、御本意この時候間、在所の者共相集め、無二無三に走り廻るべく候、忠節相重ねるに至っては、
一所宛行われるべきものなり、よっての状件の如し、
辛酉
九月二十七日大蔵丞奉る　（虎印「禄寿応穏」）
（宛所切断）

【解説】郷の諸役を免除する事、自らの目的を達成するのはこの時であり、在所の者を集めて一心不乱に走り廻るよう。更にこれまで忠節をし、更に忠節をするものには、一所宛行うと約束された朱印状である。辛酉は永禄四年と見られ、この朱印状は「秩父一乱」の最中に、北条氏が秩父谷の人びとに発した参陣への呼びかけ状であろう。これが高岸氏の所へ届けられ、保存されていたと考えられる。宛所は切断されている痕跡がみえる。

高岸家文書２　**用土新左衛門尉書状**（永禄六年・一五六三年カ）本編37頁

【読み下し文】

小屋役、何時より申され候や、まずまず詫び言致し候て、待ちべく申し候、身の下地候上、無理なることは誰も申すまじく候、
もし、横合いそうらわば、此方へ申し上げべく候、恐々謹言、
十二月九日　用土新左衛門尉（花押）
高岸の三郎左衛門殿

【解説】高岸氏が用土新左衛門の下にあった事が知られる史料である。小屋の番役について申し付けられているが、何時からそのようになったのか、訴えを出して沙汰を待てという。自身の土地の事なので、誰も無理は言わないだろうが、若し無理を言うものがあったら、用土氏に申し出るよう伝えている。高岸氏は、永禄四年の北条氏の呼びかけに応え、在地の土地所有を認められていた事が推測される。

高岸家文書３　**北条家朱印状**　（元亀元年・一五七〇年）本編38頁

【読み下し文】

今度御分国中、人改めこれ有って、何時もひとかどの弓矢の刻は、相当の望みの儀、仰せつけられ候、ならびに、罷り出し時は、兵糧下されるべく候、今より以後に、虎の御印判をもって、お触れに付いては、その日限り、
一日も相違無く馳せ参ずべく候、そもそも、かようの乱世には、
さりとては、その国にこれあるは罷り出し、
走り廻らずとて叶わず意趣に候ところ、もし、難渋せしめるについては、

即時に成敗を加えられるべく、これ大途の御非分にあるまじきものなり、
よってくだんのごとし、

午二月廿七日　（虎印「禄寿応穏」）

二見右馬助
松井織部助
玉井総三郎

（宛所切れて見えず）

【解説】この史料は、北条氏が人改めを行った時の史料である。西秩父地域の高岸氏が所有していることを見ると、その年代は、永禄十三年であろう。この年は軍事的にも押し詰まった情勢にあった。永禄十二年に上杉氏と和睦し、武田氏との手切れを選んだ北条氏は、これまで経験したことの無い武田氏が加える西からの驚異をまともに受けていたのである。武田氏は永禄十二年には鉢形領を一蹴して滝山領から一気に小田原城下へ進攻して大きな被害を与えている。まさに眼前の脅威と受け止めていた武田氏との戦いに備える為のものであったといえよう。ちなみに、この翌年の元亀二年には、武田氏により二月、六月、九月と進攻を受け、上野との境目の城・金鑽御獄城も奪取され、九月から十月にかけて鉢形領内は大きな被害を受けた。秩父でも武田信玄に「人民断絶」とさえ言わせた大きな被害を受けている。文面から知られるこの朱印状を出された人には、「弓矢の時はそれ相当に望みを叶え、更に出陣すれば兵糧を与える。そしてこれ以降は、虎の朱印状を以て指示するが、触が出たら一日も違わず馳せ参じるよう。そして、この様な乱世においてはその国に生活している限り、参陣して走り廻わりをしないことは出来ない。もし、出陣を渋ったら即時に成敗する。これは大途（国を納める者）として道理に合わないことでは無い」と強い言葉で命令が伝えられている。宛所は切断されている。

高岸家文書4　**北条氏邦朱印状**　（元亀二年・一五七一年）本編40頁

**【読み下し文】**

御赦免条々

一把　綿
半分　漆
三艘　舟役
五人　人足
　以上

二月二十七日、石間谷へ敵動き候処に、各々粉骨を尽くし、
極めて高名候ところ、御感に思し召され候、彼の褒美為、右の役、
長く免許せしめ候、いよいよ勇ましく有り走り廻るべきものなり、
よってくだんのごとし、

（氏邦朱印Ⅱ型）

元亀二年辛未卯月七日　三山　之を奉る

高岸対馬守との

【解説】高岸対馬守は、元亀二年の武田信玄秩父侵攻に伴う二月二十七日の石間谷合戦で、大変な働きをした事が北条氏によって認められ、褒美を頂いた。この褒美は、綿一把分免除・納める漆の半分免除、三隻の船役に掛かる税分と人足負担五人分の役分が、今後免除されるものであった。北条氏は年貢として所有地に対して田の高の八%、畠の六%の反銭、家毎に棟別銭三十五文、正木棟別銭を二十文を課す一方、夫役（普請役・陣夫役）を四十貫文当たり一人、軍役を八から十貫文に付き一人とし、その他、物産等に掛ける諸役を負担する義務を負わせていた。高岸氏のこの赦免状の中に知られる姿は、多くの田畠を有していたと言うよりも、養蚕と真綿生産、山での漆生産、赤平川・吉田川から荒川での舟運等を生業としていた山びとの姿が浮かんで来る。高岸氏は永禄四年に、小屋役等を負担させられており、用土氏の下で北条氏に与していた考えられる。この時赦免された物は、石間谷合戦での高名に対する高岸氏の主要な生業に課せられる諸役を一部免除するという、褒美であったのだろう。そして、宛所の記載から、高岸氏はこの時点で対馬守を受領している事も解る。その受領時期は、先の永禄十二年九月の氏邦判物以降、元亀二年四月迄の間といえる。石間谷は秩父市吉田にあって、城峯山や土坂峠越えの武田軍侵入ルー

トに有るところで、高岸氏の在所でも有る。この元亀二年は、八月から九月に、武田信玄の鉢形領への本格的侵攻がおこなわれ、信玄は「人民断絶の戦果を上げた」とも伝えている。

高岸家文書5　**北条氏邦判物**　（元亀二年・一五七一年）本編41頁

**【読み下し文】**

敵、郡内へ動き候由候の間、郷人野伏以下、相集め、走り廻るべく候、褒美を加えるべきものなり、よってくだんのごとし、

　九月二十三日（氏邦花押）

　　さいと「う」三郎右衛門

　　　高岸三郎左衛門

**【解説】**元亀二年、武田軍の秩父侵攻に伴う戦いで、氏邦は西秩父の地域の武田軍侵入筋にいた吉田の高岸三郎左衛門と、小鹿野三山の斎藤三郎右衛門に野伏・郷人を集めての走り廻りを指示した。秩父郡内への北条氏の敵の侵入は、永禄十二年～元亀二年の武田軍しかない。この時、出された感状などでは、三山合戦は永禄十二年と紀年が記されているので、郡内の合戦というのは元亀二年と考えて良いだろう。なお、三郎右衛門の名字は「さいと」と記されるが、本来は「さいとう」であり、三山斉藤氏と考えるのが妥当であろう。なお、斎藤氏は、永禄十二年には右衛門尉五郎を名乗り、高岸氏は、元亀二年四月に対馬守を受領している事が知られるので、この史料が元亀二年のものとすれば、宛所にある二名は敬称が付けられていないこともあり、斎藤右衛門尉五郎と高岸対馬守の息子達であったと言うことだろうか。

　また、先に示した山口家文書5・6・7・8と本文書を合わせ考えると、山口氏のもとに集結した「上吉田一騎衆」のメンバーとして、高岸対馬守・栗原宮内左衛門尉・逸見平右衛門・齋藤右衛門尉五郎が確認出来るのではないだろうか。

高岸家文書6　**北条氏邦感状**　（元亀二年・一五七一年）本編42頁

**【読み下し文】**

今度信玄出張の刻、野伏以下相集め、抽んで走り廻候由、諏訪部主水助申し上げ候、誠に以て感悦候、さらに今後、武具等相たしなみ、走り廻るについては、扶持すべきものなり、よってくだんのごとし、

元亀二年辛未

　極月三日　氏邦（花押）

　　　高岸対馬守殿

**【解説】**この感状は、高岸氏が野伏達を集めて、活躍をした事に対する感状であるが、「今後武具等を相たしなみ、走り廻るについては、扶持すべきもの」と言う文言から、高岸氏は、永禄四年時点で北条氏からそれなりの褒美を貰い、それなりに番役等を果たしていた。しかし、ここに示された内容は、役分免除をもらえる立場になってはいたが、高岸氏は未だに軍装が整えられた出立ちでは無かった事を示していよう。この史料は、山口家文書5「北条氏邦判物」に関連する文書と見られ、同様なものが栗原宮内左衛門尉（山口家文書7）にも出されている。栗原氏のものは「向後武具等相嗜」の文言がない。

**吉田家文書　小鹿野町小鹿野吉田久子氏蔵・小鹿野町教育委員会寄託**

吉田家文書1　**乙千代書状（写）**（永禄五年・一五六二年）本編43頁

**【読み下し文】**

二十八（日）注進状朔日到来、委しく披見、よって、憲政越国へ帰り必定候由、たまわり候、殊、厩橋焼き候弥、満足にこれ有るべく候、よって、その地普請如形出来、また、然るべく由に候、各証人衆の事、館沢尤もに、これ有るべく候間、横地に申し合わせて、彼の所に置くべく候条、その旨存ぜられるべき候、御獄には人数籠め候哉、一段「気」遣い候、正龍寺辺へ打ち廻出し候者は、その疑い然るべく候、然るに、右衛門佐老母正龍寺へ欠落候哉、不審の様態に成候、此の方より知らず様に、まず何方に成共、置かれるべく候、従い、大鉄鉋・弓の儀、意を得候、委しくは三山に申すべく候、恐々謹言。

　おって高松衆、別して走り回り候哉、祝着候、堪忍すべきの由、申されるべく、一廉扶持すべき候、

四月六日　　乙千代（花押）
用土新左衛門尉殿
「用土新左衛門尉とは花曽根山藤田城主藤田弥太郎ノ長子也」

【解説】この史料は、逸見氏所有文書の写しで、『吉田系図』に記録される文書である。詳しい解説は逸見氏所有文書で行う。「　」内の文字は逸見文書にあってこの写しには記されない文字。

　この文書は、逸見氏蔵として掲げられている。記載の仕方やレイアウトが全く異なっており、その他の吉田家文書の記載法とは違う。これは吉田氏が、この頃から北条氏に協力していた事を示す物として掲載したと言う考えを浅倉直美氏は指摘している。

　吉田文書の写文書は総てこの吉田系図内に記録されるものである。また、本文書も六点が収蔵されているが、これらの多くも系図内に記される。

　『吉田系図』には、下書された二点と、断片四点とに分かれて保存されている。下書1、下書2、断片A、断片B、断片C、断片Dについて、浅倉直美氏は『後北条氏領国の地域的展開』一九七七年　岩田書院刊の中で、「一見バラバラに見える「吉田系図」も、じつはもともと、下書1と断片Aと断片Bでひとつ（便宜、吉田系図Ⅰと呼称する）、また下書2と断片Cと断片Dでもうひとつのまとまり（吉田系図Ⅱと呼称）で有ったことになる」と指摘している。

吉田家文書2　**北条氏政感状**（元亀二年・一五七一年）本編44頁

【読み下し文】

今度、信玄出張の刻、遠候為し、罷り出し、榛澤に於いて敵一人討ち捕り候、高名比類無く候、いよいよ、粉骨抽んでるべきものなり、よってくだんのごとし

元亀二年かのとひつじ
九月十五日　氏政（花押）
吉田和泉守殿

写し文書の方に「右御判相模守氏政公御判」とあり

【解説】元亀二年の武田信玄の秩父侵攻に伴う感状である。吉田和泉守は上吉田から遙か遠方の榛澤まで出張って、武田軍と戦い、そこで敵壱人討ち取りの高名を上げた。この時は鉢形領内が大きな被害を受けているが、榛澤でも大きな戦いがあったのだろう。この高名で、次の領地宛行状を貰ったと考えられる。

吉田家文書3　**北条氏邦朱印状（写）**（元亀四年・一五七三年カ）本編45頁

【読み下し文】

知行方の事
十四貫文　本給　上用土の内
六貫文　　和泉守分
以上
二十貫文

右の地、出し置き候、知行致すべく、なお、ここに至って、走り廻るは、いよいよ、引き立てられるべきものなり、よってくだんのごとし、

六月十一日　桑原右馬助　之を奉ず
吉田新十郎殿

「右の御朱印、獅子と象面向い、氏康公の御判」

【解説】最後にある氏康公朱印というのは誤りで北条は虎、氏邦が獅子と象であり、氏邦の朱印。

　先の高名で吉田和泉守が与えられた所領の書立であろう。忰新十郎分として十四貫文を与えられていたが、親和泉守が新たに用土に六貫文を与えられ、氏邦によって親子二十貫文の所領が確認されたものであろう。これらの二十貫文の地の場所は、二十三号文書でわかる。永禄五年の用土新左衛門宛ての書状を受けてのものと考えられ、吉田氏が氏邦の家臣に組み込

まれた時のものか。

### 吉田家文書4　**北条氏邦朱印状（写）**（天正二年・一五七四年）本編46頁

【読み下し文】

官途の事

新左衛門尉成されられ状、くだんのごとし、

甲戌
正月三日　「天文七」

吉田新左衛門殿

【解説】永正十一年に氏康より請い受けたと記すが、これも象と獅子の朱印で、氏邦Ⅱ型と知られる。「天文七」は後の書き込みで、甲戌は天正二年である。鉢形領内への信玄侵攻で大きな被害を蒙り、何とか乗り切った時で、この時の働きで、新十郎は新左衛門の官途を貰っている。これにより、先の新十郎宛の領地宛行状は、天正元年以前とされる。

### 吉田家文書5　**北条氏邦判物（写）**（天正二年・一五七四年カ）本編47頁

【読み下し文】

書き立て

一ヶ所　猪俣、一ヶ所　用土上下、一ヶ所　北甘粕、一ヶ所　小栗、

以上

右、いずれの鑓と共に法度の如く之無く候、早々青竹成りとも、今日中に三間の柄に拵え、柄口を黒くし、笛巻に致し、墨をさし、二重にしでを長々と付け、郷人までも選抜の如く、悉く、小旗を一本づつ、木綿を以て致し、足軽のような出で立ち□走り廻らせべく候、何時、御組中、踞せられ騎衆へは、たまわるべく候、足軽衆の備ひ候、かちあしがるにいたし、めしつれべく候、

一、馬上の足軽衆、鑓、良くても悪しくても、兼日（けんじつ）（これまでの）法度の如く、この内の鑓、いかようの子細候共、二間々中の鑓、堅く法度候、この旨、今日より申し付け、一方の御用に立つべき候、申し付け候、一手の役の内、この分の如く、野伏をも加え候、

五月十三日　（花押）

吉田和泉守殿

同新左衛門殿

【解説】この書き立てによれば、吉田新左衛門父子は美里町猪俣・北甘粕・小栗、寄居町用土の領地が確認され、それに伴っての軍役が示された。新左衛門の官途は、天正二年正月に与えられているので、この法度は天正二年以降の物と知られる。父子はこれ以前、上用土の内などに二十貫文の地を宛行われているが、これらは旧用土氏の本拠内に宛行われていることが知られる。山口氏の出世の出発点だろう。

　この文書で知られる、吉田氏の戦備えは極めて貧相な出で立ちであったらしい。

「鑓と共に北条氏の法度に示された長さの柄にはなっていないので、（小旗の柄は）直ぐに、青竹でも良いから三間の柄に拵え、柄の口は黒い笛巻を施し、墨で塗り、長い二重のしで（印）を付け、郷人も選ばれたように全て小旗を一本づつ木綿で造り、足軽のような出で立ちをさせ、走り廻らせる等にせよ。いつ何時、貴方の組に出陣が命じられても、足軽衆の備えで、徒足軽として連れてくること。

一、馬上の足軽衆は鑓が良くも悪くも兼ねてから決められた法度のように、この内、鑓については、どのような理由があっても、二間半の鑓は、堅く決められた法度である。この旨を今日から申し付け、御用の時に役に立つようにすることで、申し付ける。軍役の中には、この様に支度させて野伏も加えるように」

　以上の内容が記される。吉田和泉守父子の軍勢が、北条氏の法度に沿ったものではなく、全く粗末な形であった事を考えると、吉田氏が、北条氏の下に下って間もない時点の事とみられ、この領地宛行が初期の物と考えられる。従って、この判物は天正二年五月十三日の物であろう。

### 吉田家文書6　**北条氏邦朱印状（写）**（天正三年・一五七五年）本編48頁

【読み下し文】
一、御留守中、□何方へ成共、御用あって、貝・鐘、鳴りそうらわば、耕中足軽衆は申すに及ばず、地下人まで悉く掛け、黒澤篠蔵、御意の如く、走り廻るべく候、若し、出ず者これあらば、重科に処すべく由、兼日、各々相触れべく候、殊に、足軽衆は、一人も他所へ罷り越す間じく候、この上、下知をそむく者これ有れば、吉田新左衛門尉、越度為すべきものなり、よってくだんのごとし

亥　八月八日
吉田新左衛門殿
足軽衆中

「右獅子象ノ御朱印」

【解説】朱印影は獅子・象をあらわしている。永禄六年では、朱印は確認されていないので、氏邦朱印Ⅱ型。亥年とあるので、天正三年に比定される。吉田新左衛門がまだ上吉田の谷間地域にいる段階の文書であろう。足軽衆を預かっているが、法螺貝や、鐘が鳴って、御用の招集が掛かった時などは、足軽衆は申すに及ばず、耕中の人びとに声を掛けて、黒澤篠蔵の考えに従って走り廻るよう命じられている。特に、足軽衆は一人たりとも他所へ出かけてはならないことを命じている。更に、この下知に背く者があったら吉田新左衛門尉の落ち度とするという。

## 吉田家文書7　北条氏邦判物写　（天正八年・一五八〇年）本編49頁

【読み下し文】
この弓矢大切の什(じゅう)の儀、旧冬□□べく役人衆に、法度委細書き立て渡し候、只今、それを召し寄せ、番所において、或いは、同心衆へも触れ申されるべきに候、八人弓無き□□郷、或いは同心の沙汰無きと雖も、或いは自分の貫不足、何の塩見候哉、当手に置いては、大途へ申し上げ、その断に及ぶべき候、着到不足候得は我々滅亡候、兼ねて法度申し定めた事の相違、何を以って引き立てるべきに候や、預け置きの同心衆も一騎・一人不足無きこと第一候、よくよく覚悟有るべく候、かようの時刻に候間、着到の儀は申すに及ばず、嗜みの者五人・十人これ有るべし、着到不足法度候ものなり、よってくだんのごとし、

辰の正月朔日（花押）「氏邦公の御判なり」

【解説】北条氏邦の朱印状である。この年は武田勢との戦いの最中で、倉賀野合戦が先月終わったばかりの正月となる。戦に備える軍勢の事に付いては、昨年の冬（天正七年十月から十二月）に役人衆に法度の詳細な書立を渡したが、只今はそれを取り寄せ、番所に置いて同心衆へも伝えるようにいたせ。八人の弓無き[衆]や[諸]郷や同心への連絡がないにしても、また、自分の貫に不足あったとしてもさじ加減等は有るべきでは無い。我が軍の手勢については、大途（小田原の本城主、この場合北条氏政）へ申し上げ、処罰する。兼ねてから法度に決めてある事と違った事をして、どうして引き立てることが出来ようか。預け置かれた同心衆は、一騎・一人たりとも不足無いことが第一である。よくよく覚悟するように。このような時であるから、着到の事は申すに及ばず、（着到に決められた以外の）自分の仲間の者五人や十人をこの様にして、連れてくるべきである。着到不足は法度そのものであると、吉田新左衛門とその同心衆に命じている。
軍勢の引き締めを徹底する厳しい内容であり、甲信の武田氏の上野進攻を巡って、極めて切迫した状況下に有った事が窺えよう。

## 吉田家文書8　北条氏政感状　（天正八年・一五八〇年）　本編50頁

【読み下し文】
去る月二十八（日）、宮古島衆・倉賀野衆（と）懸け合いに及び候処、吉田和泉守相稼ぎ、右勝利を得た由、安房守注進候、殊に、敵二人討ち捕りの由候、誠に高名少なからず、感悦この事候、いよいよ、粉骨抽んでるべきものなり、よってくだんのごとし

正月四日（北条氏政花押）
吉田和泉守殿

【解説】吉田系図にも記されるが、原本が所蔵されており、吉田系図記載

文書が、原本に忠実に記されたことを伺わせている。

越甲一和による、武田勝頼の西上野進攻に伴って起きた戦乱。倉賀野合戦は、天正七年十二月に行われているので、この文書は天正八年正月となろう。吉田氏領地内の本庄市の都島の衆が倉賀野合戦で戦ったことを示し、この合戦で首二つの高名を挙げたことを賞された感状。

吉田家文書9　**北条氏邦朱印状（写）**（天正八年・一五八〇年）本編51頁

知行方の事

一ヶ所　栗須の郷

以上

右の地出し置き候、半分相定め致し所務、走り廻るものなり。

辰　一月二十八日　冨永これを奉ず

吉田新左衛門尉殿

【解説】吉田新左衛門が藤岡市栗須の郷を新たに所領として貰った。これによれば、郷の半分の諸役は免除され、全体に掛かる諸役の半分を負担する義務が与えられた。軍役などで更なる活躍を求められている。

吉田家文書10　**北条氏禁制（写）**（天正十年・一五八二年）本編52頁

【読み下し文】

禁制

右軍勢、甲乙人当郷に於いて、乱暴狼藉、堅く停止せしめおわんぬ、百姓等早々と帰住せしめるべし、若し、今に至って違犯せしめる輩は、厳科に処すべき旨、仰せ出されるものなり、

壬午六月二十二日

「右　氏政（氏直）公ノ御判なり、天正十年壬午なり」

【解説】天正十年北条家が出し、北条氏邦が奉行として伝えた禁制である。上野西部の吾妻川流域は、氏邦が名代として進攻しており、同日付けの同文の禁制は、上野大戸・中山等に出されている。大戸の禁制は「禁制大戸」とあるので、中山等に出された禁制の写の可能性が高い。北条氏の軍勢や雑兵の乱暴狼藉を禁止したもので、中山郷の百姓等に帰郷を促し、違反した者は、厳罰に処すと通知している。氏政公の朱印としているが、北条家の朱印「禄寿応穏」であろう。当時の北条氏当主は氏直になっている。

吉田家文書11　**北条氏邦朱印状（写）**（天正十一年・一五八三年）本編53頁

【読み下し文】

制札

一、小島台へ罷り移る者共、当年癸未の歳より、壬辰の歳迄の十年間、諸役不入の事、

一、田畠の儀は、荒れ地開き次第、打ち開くべく、永代これを出す事、

已上

右、定めるところ、よってくだんのごとし、

天正十一年癸未　九月二十三日（氏邦朱印）猪俣これを奉る

吉田和泉守殿

【解説】本庄市小島地区の台地上の開墾に際して出された十年間諸役不入の朱印状である。この頃、開発を推進するために、領主は荒れ地を開発した者には、鉢形領内における全ての役を免除する等の方法をとって奨励した。ここでは、小島台へ帰ったものは十年間諸役不入とし、田畑を開墾して、開墾出来次第、これを与える事と定めている。吉田氏に小嶋郷開発を奨励し、成功すれば与えると約束したのである。

吉田家文書12　**猪俣邦憲判物（写）**（天正十六年・一五八八年）本編54頁

【読み下し文】

書き立て
百五十貫文　黛の郷
　この内
百貫文は、鉄炮衆二十人の扶持給、
但し、一人四貫文の給、一貫文の扶持、合わせて五貫文なり、
五十貫文、権現山在城を申し付けるについて、自分にあずけ置く。
　この着到
一本　小籏
一挺　鉄炮
二本　鑓
一騎　騎馬
　（以上五人）
合百五十貫文
一、此の度、権現山城在城を申付けについて、右の積をもって黛郷を預け置き候、彼の着到無沙汰無く、召し連れにて在城（致す）べく候、彼の口本意については、右知行の替わり遣わすべく間、黛郷をば返し置くべき事
一、名胡桃三百貫文の所、出し置き候、本意次第可知行事、
一、この上奉公忠信、何分にも引き立てるべき事、
　（以上）
右、万端下知の如く、無沙汰無く走り廻るべきものなり、
よってくだんのごとし、
　戊子五月七日　邦憲（花押）
　　吉田新左衛門殿

【解説】吉田新左衛門は、上里町黛一帯に百五十貫文の地を預けられた。これは権現山城在城に当たっての当面の措置で、百貫文は二十人の鉄炮衆の扶持給分で一人あたり五貫文とされている。この鉄炮衆は相当の扶持給を貰っており、侍であった可能性が高い。

扶持とは、米で支給され、給とは、現金で支給されるものであった。また、自身には五十貫文の地が宛がわれている。この新左衛門の軍役は小旗一・鉄炮一・鑓二の他、自身が騎馬武者として、合わせて五名が参陣する義務を負った。さらに、鉄炮衆については着到が出されていないが、出陣の沙汰が有り次第、召し連れて、権現山城に在城するようにとも命令された。しかし、彼の口本意の際には、改めて替わりの知行地を支給すると約束され、その際には、この五十貫文は返納するようにとされている。彼の口とは名胡桃で、三百貫文を用意してあるので、名胡桃を攻略後、直ちに知行する事とされた。更に奉公し、忠信を貫けば、どのようにも引き立てる事が約束され、今後も下知に従い、活躍をするように命令されている。この年は天正十六年である。吉田家二号文書に関連する文書であろう。

吉田家文書13　**猪俣邦憲判物（写）**（天正十六年・一五八八年）本編56頁

【読み下し文】

知行方
百貫文　小嶋郷
この着到
一本　小旗
一挺　鉄炮
一張　弓
六本　鑓
一騎　騎馬
　以上
右、親に候和泉守一跡、相違無く出し置き候、知行致し、軍役・御着到、少しも無沙汰無く弁（わきまえ）、朝夕の奉公、油断無く走り廻るものなり、
よってくだんのごとし
　戊子　五月七日　邦憲（花押）
　　吉田新左衛門殿

【解説】天正十一年に吉田和泉守政重に小嶋郷開発の指示（吉田家一一号）を出しているが、その開発に成功し、吉田和泉守は小嶋郷百貫文の地を宛行われた事が理解される。その後、和泉守は没した。その年代は不明であるが、い

ずれにしても、この文書から、天正十六年五月以前と知れる。新左衛門真重が天正十六年五月六日に、この旧領を相続したことを記しているのが、この文書である。小嶋郷百貫文の所領に対する軍役は、馬上の武者一人のほか、小旗持ち一人、鉄炮足軽一人、弓足軽一人、鑓足軽六人を引き連れた総勢十人で出陣する事とされ、この軍役は少しも違うことの無い働きを求められている。そして、この知行宛行状は、先の黛郷の宛行状と合わせ、猪俣邦憲から出されており、この年からは猪俣邦憲が上野内での領主権を行使している事が窺われる。

**吉田家文書14　北条家朱印状（写）**（天正十六年・一五八八年）本編57頁

**【読み下し文】**

権現堂の城掟　「大途の御用とこれあるは　小田原のことなり」

一、いずれの番に候共、兼日定め置き着到の人衆、三日に一度づつ相改めらるべきに候、もし、一騎一人も不足については披露有るべし、過失を申し付けるべき事、

一、当番当番の物頭、その家中に置いても、大途ご存じの者を申し付けるべき、一騎合い躰の者は、一切停止せしめること、

一、番普請、出来の上は、房州代一筆執り、披露致すべき事、

一、境目の儀候間、当番当番、鉄炮の玉薬・矢以下、その着到に従い、不足無く入れ置き、少しも油断致すべからずの事、

一、番替わりの毎度、請け取りの曲輪、綺羅美燿に掃除を致し、厳重に受け取り渡しを致すべきの事、

右、五カ条の旨、毛頭忘れ「無き」様仰せつけられるべきに候、只今、肝要の境目に聞こえ候、この如く定め置くものなり、よってくだんのごとし、

戊子五月廿一日　「天正十六年　獅子と象と向い相い　角ノ御朱印　これ氏政公の御判」

安房守殿

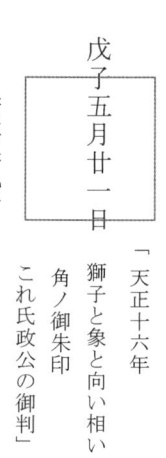

**【解説】** 権現堂城の城掟と記されるが、本来は「権現山城」とすべき所、権現堂城と記されたのであろう。権現山城と権現堂城は同一視されている。城の管理に関する史料としては鉢形領域内では唯一のものといえる。

一、番に入ったものは、誰でも決められた着到の人衆を三日に一度の割で点検する事、若し、一騎一人でも不足があれば、報告し、罰を申し付ける。

一、当番の責任者は、家中に置いても、小田原の本家に知られている者を申し付けること。但し一騎合い体の者（気持ちを同じくする一騎衆の者）は一切禁止。

一、番の時の修理工事は、出来次第、北条氏邦の代官が一筆したためて報告すること。

一、境目にある事なので、当番毎に、鉄炮の玉や火薬、矢など、決められた着到に従って、不足無いように城内へ入れて置く事、少しも油断があってはならない。

一、番替わりの度に、城内をきれいに美しく清掃し、厳重に受け取り渡しを行うこと。

右の五カ条は、決して忘れないようにすべきと仰せつけられた。今は大切な境目にあり、この様に定めたのである。

（天正十六年）五月二十一日（朱印・禄寿応穏）

安房守殿

ここで獅子と象の向き合う角印としているが、これは全くの誤りで、北条家より北条安房守氏邦に与えられた朱印状である。年代は、次に示す様に、天正十六年戊子の歳に築城した権現山城の事と考えられる。

北条氏支配地域と、真田氏支配地域との境界にある城で、極めて重要な役割を担っているので、この様な掟を定めたとしている。

天正八年、藤田信吉が沼田城を武田氏に引き渡し、それ以降、沼田城は武田氏の支配下の置かれ、真田氏が入っていた。天正十年、武田氏が亡びると、瀧川一益の支配に一旦入るが、瀧川氏を排除した以降、真田氏は北条の旗下に入り、沼田領まで支配していたが、吾妻川流域から沼田を掌握しようとする目論みを以て、徳川氏の下に一旦入った。天正十年十月、徳川氏と北条氏の和睦が成立しても、真田氏は沼田城を死守していた。以後北条氏は氏邦の鉢形勢を沼田攻略の最前線に置き、榛名山西麓から吾妻川

流域へ進攻し、天正十年十二月中山城を落とし、沼田城を目指したが、沼田攻略は困難を極めた。天正十二年、沼尻合戦が起き、北条氏の主流は栃木県館林東方の沼尻に集中した。この様な情勢の中で、北条氏は氏直が天正十三年九月に沼田城攻撃を行っている。以後、北条氏は、北関東の皆川方面と、沼田方面という二面作戦で軍事侵攻をくり返している。天正十四年十一月、羽柴秀吉は「関東奥惣無事令」を発し、諸大名に私怨による合戦中止を命令し、天下統一に腐心しているが、北条氏の沼田を目指す戦略に変更はなかったといえよう。天正十六年四月、沼田・名胡桃を眼下に置く権現山峠に築城したのである。真田氏の本拠・上田と沼田地域分断の要衝であった。「只今、簡要の境目」と言わしめた要因がそこにある。

天正十七年二月、豊臣秀吉は、徳川氏と北条氏の国分け協定を受けて、北条氏対真田氏の戦争終結の為、沼田領三分の二は北条に与え、三分の一は真田に与え、この不足分の替え地は、徳川が別に真田に与えると裁定した。この時、分割された真田分は、沼田領の内、利根川西側で、北は赤谷川を北限としていたことが加澤記によって知られる

吉田家文書15　**北条氏政判物（写）**（天正十六年・一五八八年）本編58頁

【読み下し文】

この度岩井堂本意に付いては、ここもと仕置き堅固に申し付け、今日、帰城候、よって、昼夜共に用心し、番普請以下、油断あるまじく候、
又、深谷衆よくよく、懇切申すべく、
尚以て、二十日の間は弓矢の疑いよくよく、慎むべく候、
油断有るべからず候、
　尚もって、鉄炮の玉薬は日々に乾し、鉄炮は日々洗い候ように、
　精に入れ楚、役に立ち間じく候、
　　七月二十八日　氏邦（花押）

【解説】天正十六年、五月に権現山城を築城し、沼田包囲網を狭めていった北条氏は、氏邦を先頭に立て、吾妻川筋を進軍した。その中で、岩櫃山城から渋川への要衝にある岩井堂砦を攻め、天正十六年秋の七月、吾妻川筋の渋川市内にある岩井堂砦を攻略した。吉田新左衛門に城番が、氏邦から申し付けられたが、氏邦が帰城して、改めて、その守備に付いて指示された文書である。城番に当たっては昼夜の用心を堅固にして、油断してはならない事。又、城番にいる深谷衆については、丁寧な扱いを致すように。更に今後二十日間は、戦闘が起きる可能性を疑って十分注意する事。決して油断してはならい事。なお、鉄炮の火薬は毎日、日に干して乾燥させ、鉄炮は毎日洗う事。この様に精を入れる事、綺麗にしておかないと、役に立たなくなる。

以上のように記している。火薬は乾燥させないと役に立たなくなるのは理解できるが、当時、鉄砲も毎日洗ったというのは意外であった。

吉田家文書16　**小嶋郷知行書立（写）**（天正十六年・一五八八年カ）本編59頁

【読み下し文】

小嶋郷書き立て
四十八貫文　百姓地
六十貫四十六文　小作地
十六貫文　野年
五貫文　水手
十貫文　公事免
十貫文　手作
以上、百四十九貫九百四十六文
四貫文　神内
二貫文　鑁阿寺分
　以上、六貫文
合、百五十貫九百四十六文

右、小嶋郷、若し百姓等兎角申し候由、拙者請け納め、預かり置き為されるべく候、母を差し置き申し、右の當納無沙汰無く、御蔵へ納め申すべく候、この旨、能登守（猪俣邦憲）所へ様々詫び言申しそうらへども、上表の地、綺（いろい）間まじき由に申し候、閉口申し、黛の儀は、小嶋の外、当納これ有るべくそうらへば、これは古来の物不足に候間、年越し候、御蔵納は罷り成り間じく候や、有程（ありてい）を差し引き申し候、小嶋郷には増し申すべく候、恐れながら委納申達なし候、以上
　九月二十二日　吉田新左衛門

主水殿　「此名所紙切
外岻　明不見」
丈竹殿
参御報

【解説】吉田和泉守政重は、天正十一年九月十三日、百姓の小嶋郷還住・開発の指示を受けて、開発次第宛行の約束をもらっているが、この開発に成功して、ここに示される様な領地を宛行われたのであろう。その年代は定かでないが、天正十六年五月七日に、新左衛門が父和泉守政重旧領を宛行われているので、和泉守存命中にこの開発に成功していたことが窺える。しかし、小嶋郷では、開発に入った百姓達が税負担の不満を申し出ていたのであろう。新左衛門真重がこれを受け止め、必ず税を預かり、母を差し出しても過不足無く納めると約束をし、この事は猪俣能登守の所へ申し上げているが、記録されているこの地は間違いがあって閉口している。黛郷は小嶋の外にあり、小嶋郷の税負担はこの様にあるべきだが、昔から不足している儘で経過しているので、御蔵への税の納入はこの様には出来ないだろう。ありのまま差し引いた結果を申し上げたが、小嶋郷は新たに増と申すべきだが、恐れながら委しい連絡は無かった。和泉守は天正十六年五月以前には没しているので、この年であろうか。

百姓地　百姓が耕している土地
小作地　吉田新左衛門が小作に出している土地
野手　未開発の地であるが、秣場のようなところか
水手　水利に要する土地
公事免　新左衛門が勤める役柄に伴い税を免除された土地
手作　新左衛門自身が耕作している土地
神内　神社分の土地
鑁阿寺分　鑁阿寺持ちの土地

吉田家文書17　**権現山城物書立（写）**（天正十六年・一五八八年）本編60頁

【読み下し文】

権現山ある城物の事

一挺　大鉄炮
五挺　小鉄炮
六十九　大鉄炮玉但し小玉二つづつ紙にくるみ大玉にこしらえ申し候
千二百発　合い薬
千三百五十　黒金の玉（鉄製玉）
九百　同じ玉　鉢形より御越し候御使「者」江坂又兵衛
六十八　大玉同じく改め
十四発　同薬同じく改め
九斤　同薬同じく改め
千五百　矢　この内五百、金様同じく改め
十張　数物の鑓、但し中山から来る
以上
新左衛門たしなみ
十五挺　鉄炮
千五百発　合い薬
一箱　焔硝
三千二百　玉
二十本　数物やり、但し、木の柄
十本　竹柄（の鑓）
二十本　物鑓（丁寧に作られた鑓）
十二本　物旗（丁寧に作られた旗）
いう矢の根の上手な鍛冶有り
徒小旗
百　矢
三張　弓
一保　靫
二十　大玉、但し切り玉
二丁　薬研
百枚
愛にこんた布と申すは鉢形に權田と
こんたね
十俵　兵糧
以上
子年の十月十三日　江坂又兵衛（花押）
松本二平（花押）

【解説】天正十六年四月に築城した権現山城の備えを氏邦の奉行が記録したと見られる。権現山城の戦備えの備蓄品は、おおよそ書き出していると

考えて良いだろう。この中で特に目を引く備えは、大鉄炮一挺、鉄炮二十挺と大量の弾薬で、大鉄炮の弾が二千三百五十発、火薬は千四発分あり、そして、九斤の玉薬があったと言うから、これは約千八百発分に該当（一斤は六百グラムで、火縄銃一発分の標準的火薬領は三～五グラムという）する膨大な備えである。鉄炮は鉢形より貸し出された物五挺の他、吉田氏の備えているものが十五挺、計二十挺と多い。そして、三千二百発の玉と千五百発分の弾薬、さらには焔硝一箱と言う。一箱の量がどの位の火薬生成量に該当するか不明であるが、相当な量の火薬原料を有していたのであろう。火薬製作に当たっての焔硝の使用量は、全体の七十四～八十%、木炭は十～二十%、硫黄十五～二十%はとされている。木炭や、硫黄は容易に手に入れられるが、焔硝は自然に産しない物で、生産方法は秘中の秘として関係者のみに伝承されたという。吉田氏はこの生産技術を持っていたのであろう。なお、諸州文書の史料では、「ここにこんたねと申すは鉢形に権田という矢の根の上手な鍛冶有り」という頭注がない。これは、吉田氏が系図作成に当たって、覚えとして書き込みしたものと見える。

註　吉田家文書の内、二号、八号、一二号、一三号、一五号、一六号、一八号については、『諸州古文書』十二武州（国立公文書館蔵）の中にも写しがある。この写しは本例と違って、花押を含め、筆写が忠実に行われたと見られる資料である。そして、この史料には、原本所有者として「秩父郡上小鹿野村百姓持主孫四郎」の記載があり、弥四郎は「吉田系図」の中で重英と知られる。現在は二・八号以外吉田家文書として伝えられていないが、かつては所有していたことが理解出来る。

**吉田家文書18　権現山有之城物之事（写）**（天正十六年・一五八八年）本編63頁

扶持方之衆

| | | | | | | |
|---|---|---|---|---|---|---|
| 三百五十目 | 十人扶持 | 本庄清二郎 | | 百五拾目 | 八人 | 神保圖書 |
| 百五十目 | 十一人 | 星野新二郎 | | 弐百目 | 拾三人 | 吉里肥後 |
| 百五十目 | 十五人 | 木部三郎兵へ | | 百五十目 | 十一人 | 波田野遠江 |
| 二百目 | 十人 | 小暮戸右京 | | 百五十目 | 八人 | 渋傳右衛門 |
| 百五十目 | 九人 | 綿貫五左衛門尉 | | 五百十目 | 七人 | 柿澤左京助 |
| 百五十目 | 八人 | 小野彦兵へ | | 卅匁 | かち衆六人 | 武井源助 |
| 百五十目 | 八人 | 藤生玄蕃 | | 卅メ | 同三人 | 大和田四郎左衛門 |
| 百五十目 | 七人 | 橋爪兵部 | | 卅メ目 | 同七人 | 圓城寺総三 |
| 百五十目 | 七人 | 杢村又二郎 | | 卅メ目 | 同四人 | 新木織部 |
| 二百目 | 七人 | 圓城寺弾正 | | 卅メ目 | 同六人 | 湯淺五郎助 |
| 百五十目 | 七人 | 萩野助十郎 | | 卅五メ | 鉄炮衆三人 | 新居今右門 |
| 百五十目 | 六人 | 萩原雅楽助 | | 卅五メ目 | 同三人 | 常　三内 |
| 百五十目 | 六人 | 篠崎川内 | | 卅五メ目 | 同三人 | 桑原源右衛門尉 |
| 百五十目 | 六人 | 白川刑部左衛門 | | 卅五メ目かち | 同三人 | 新居八兵エ |
| 百五十目 | 五人 | 築　三河 | | 卅五メ目 | 同三人 | 金井十左衛門尉 |
| 百五十目 | 五人 | 齋藤彦五郎 | | 卅五メ目 | 同三人 | 小嶋与五郎 |
| 百五十目 | 五人 | 小柴弥作 | | 卅五メ目 | 同三人 | 川野三右衛門尉 |
| 百五十目 | 五人 | 小原又蔵 | | 合弐拾七騎 | | 馬上 |
| 二百目 | 四人 | 齋藤修理 | | 合 | 五人 | かち |
| 百五十目 | 三人 | 金子新五郎 | | 合 | 七人 | 鉄炮衆 |
| 百五十目 | 五人 | 天河太郎左衛門 | | 都合四貫四百五十目 | | 馬上衆分 |
| 百五十目 | 八人 | 立石勘解由 | | 同合 | 四百卌五メ目 | かち衆 |

**【解説】**先に示した一七号文書の続き資料であろう。「権現山城の番衆の書出」文書とみられる。但し、この文書に示される人びとの取り分を貫高に計算し直すと、五百五十文十一人扶持の柿澤左京助は八貫四百七十文（この十一人扶持は、永高に換算すると四貫四百文・一人扶持は、永一貫文が玄米二石五斗とされるから、一石八斗＝七百二十文）。最高は百五十文十五人扶持の木部三郎兵衛で六貫百五十文。徒の竹居源助は三十文六人扶持（四貫三百五十六文）。そして、鉄炮衆は一人当たり二貫百九十五文となる。この給は大変少額であるが、先に示した権現山城在城に当たって預けられた黛郷の鉄炮衆二十人が貰った給分四貫文と、一貫文扶持合わせて五貫文と比べてもだいぶ低い。この様な給分の人は記録されていない。

この数字は、後に、天正十七年十一月の吉田家二号文書に記される沼田市下川田での二百貫文領地宛行の判物に知られる鉄炮衆の一人二貫文の給分に近いものとなろう。この時は弓衆と鑓衆は一人一貫文の給であり、吉田氏の旧来の同心衆ではなく、現地で新たにその支配に加わった足軽であったとみられる。

＊換算率は『地方凡例録』上、国史大事典12（吉川弘文館）を参考にした。

吉田家文書19　**北条氏邦書状（写）**（天正十六年・一五八八年カ）本編64頁

【読み下し文】

只今注進のところ、信濃よりすっぱ共五百ほど参り、その地乗っ取りの由、もうしきたり候、昼夜共によくよく用「心」すべき候、木戸〳〵へ、宵、暁の夜明け番、肝要に候、何時も一番、九ツとの間、明け六ツ、この用心もっともに候、只今は寒い時に候間、月夜ならでは忍びは着くまじく候、いずれも物主共覚（隔）番にいたし、夜の内に三度つっきてえ、石を転ばし、たいまつを投げ見届けるべく候、その為申し遣わし候、恐々謹言、

おって、時分柄に候間、火の用心もっとも候、

いずれも昼寝て、夜踞すべく候、法度の如く、敵の足軽出候は、門を閉じ、罷るべく候、この一カ条極まり候、又足軽深く出まじく候、以上

十月十三日　氏邦（花押）

吉田新左衛門殿

【解説】天正十六年に出された権現山城の守備に関わる掟文書であろう。信濃から忍びの者が五百人ほど権現山城を乗っ取りに参ったという情報が寄せられた。木戸木戸では、昼夜ともに十分な用心を致す事。宵から暁までの夜番の者は特に大切で、何時でも一番注意をするのは夜中の九ツ（午前〇時）から明け方の六ツまでの間で、この時の用心は最も大切である。只今の時期は寒い時期なので、月夜以外は忍びの者は城に取り付かないだろう。いずれにしても、各曲輪の責任者は一日おきに番を致し、夜は三回突いて、石を転ばし、たいまつを投げて見届けをするようにせよ。その為に改めて申し付ける。

　また、時節柄、火の用心に注意を払うことが大切である。どちらにしても、昼寝て、夜は起きていること。敵の足軽が出張ってきた時は、法度に示されたように、それぞれの門を固く閉ざしている事、この一点は特に重要である。又、足軽は城内深くまでは出てこないだろう。

　沼田攻略の重要拠点として築いた権現山城は、氏邦の最重要前進基地となる一方、真田氏にとっては、のど元に刺さったとげのような厄介な城で、この扱いが両者にとって喫緊の課題であり、緊迫した空気を読み取ることが出来る史料である。

吉田家文書20　**知行書上（写）**（天正十六年・一五八八年カ）本編66頁

【読み下し文】

三百貫文の小嶋郷親知行分

以上参百貫文の指出しの上、申し候也

小嶋郷の所務尋ね申し明け分差出しの事不作致し候間百五十貫有り物書き上げ申し上げ候

右の知行、親より以後は、両地知行申し候、以上、

一ヶ所　倉内にての事

名胡桃

一村　茂呂田（師田）

以上

十二月二十三日　吉田新左衛門（花押）

三百貫文　小嶋郷の親知行分

小嶋郷の所務尋ね申し、明け分差出しの事、不作致し候間百五十貫物有り書上げ申し候

百五十貫文　黛の郷　手前

以上、三百貫文の指出しの上、申し候也

右の知行、親より以後は両地知行申し候、以上

一ヶ所　倉内にての事

名胡桃

一村　茂呂田（師田）

以上

十二月二十三日　吉田新左衛門（花押）

【解説】吉田新左衛門は天正十七年九月一日には和泉守を名乗っているので、これはそれ以前、天正十六年頃と見られる。吉田新左衛門の知行書き出しである。天正十六年としても、倉内において名胡桃を所有していると記している。やはり、十六年十月十三日段階で、名胡桃三百貫文の地を出してあるというのは確認しても良い様に考えられる。そして、元々、小嶋郷に三〇〇貫文の地を所有し、これは親の知行分で、小嶋郷の所務（土地の所有者が負担すべき役・

税等）を尋ねられ、明確な分を差し出した物で、不作分が一五〇貫文あり、これは税負担から除外されるので百五十貫文と書き上げた。

「以上、参百貫文の土地の状況を報告申し上げた。右の知行は親より受け継いだ物（天正十六年五月七日、吉田家一三号）で、以後は領地として知行している。以上。

　倉内には
名胡桃一ヶ所、師田（旧月夜野町師田カ）一村を領している。以上」

　吉田新左衛門はこの様に報告している。

　更に二つ目の文書は、小嶋郷三百貫文の所、不作を除いた百五十貫文分と箕郷百五十貫文を合わせて三百貫文を差し出したと言う記録である。断片Dには、小嶋郷三百貫文と有るが、下書1には、小嶋郷三百貫文ではあるが、不作分百五十貫文を引いて、百五十貫文とし、小嶋郷百五十貫を加えて計三百貫文と書き出している。後の二二号文書と整合を図っているのが知られる。

吉田家文書21　**北条氏邦朱印状（写）**
（天正十六年カ十七年・一五八八カ八九年）本編67頁

【読み下し文】
その方曲輪に火を出し候、若輩者に候、鉢形においてさえ、火の用心申し付け候、何兼ねの如く為して、申し付けず候、近比（頃）くせ次第に候、
なお以て、境目踞候者は、火の用心極め候、以上
　六月六日　氏邦（花押）
　　吉田新左衛門殿

【解説】吉田新左衛門は在番を任された城で失火を出し、曲輪内で火災を起こした。これは大変問題であり、若輩者である。鉢形城さえ火の用心を申し付けている。どうして、前々から申し付けなかったのか。近頃問題である。なお、境目に居るのものは、火の用心を徹底する事。

　失火に対して、きついおしかりを氏邦から受けたものである。吉田新左衛門が境目に踞すと記す所から、この城は、権現山城の事と考えて良い。そうだとすれば、この書状の出された年は、天正十六年か十七年と言う事になろうか。

吉田家文書22　**猪俣邦憲判物（写）**（天正十七年・一五八九年）本編68頁

【読み下し文】
　書立
三十貫文　川東分川上吉、三十貫文　間庭、七十貫文　政所、二百貫文　下川田、
以上三百三十貫文
右の地、当年貢催促申し付け候、明鏡に蔵に納めるべき候、若し構えて私曲少し成共、横合い非分の儀、これあらば、改易成すべき候、地衆知行分をば、これを除く者也、くだんごとし、
　丑　九月朔日　邦憲（花押）
　吉田和泉守（真重）殿

【解説】天正十七年の九月一日、猪俣邦憲は、吉田和泉守に利根川東に有る川上吉・間庭（真庭）・政所、利根川西の下川田（いずれも沼田市内）の年貢納入を督促している文書である。宛所となっている和泉守は既に没しており、これについて、浅倉直美氏は、新左衛門が親の受領名をも引き継いだ結果であったとしている。これらの地について、天正十七年の年貢を催促され、間違いなく鉢形の御蔵へ納めること。少しでも勝手な考えで、違うようなことがあったら、領地取り上げの改易処分にすると、厳しい通知内容である。ただし、地衆（沼田地域の土豪等）に宛行われた分は除くとされた。

　和泉守真重の与えられた下川田地区は、利根川右岸に所在する地域である。この上・下両川田地域は沼田領域と地元では考えられている。天正十七年九月一日以前に、この下川田に二百貫文の地が与えられていたとすれば、先の天正十六年五月七日の一二号文書は「本意次第、知行すべき事」と言っており、二〇号文書では名胡桃城の西方にある師田を領していることも記している。天正十六年時点で、猪俣氏等は名胡桃領域の一部を手中に入れ、吉田和泉守真重が実効支配していたという事を指している可能性も高い。この頃は、北条氏と真田氏の沼田城を廻る攻防戦が激しさを増していた段階で、天正十一年には、中山を本拠とする赤見山城守等五十七人を支配下に治め、この中には川田の衆が二十三人加わっている。二三号文書にも「右去年境内ニ有之而」とあり、吉田文書一二号と二〇号を考えると、或いは天正十六年のいずれかの時点で、猪俣邦憲は下川田・名胡桃地城に橋頭堡を確保し、それを吉田氏に宛がっていたとも考えられる。

次の二三号文書は、天正十七年になって利根川右岸、下川田など二百貫文が宛行われ事を示すが、これでは、先の二〇号・二二号文書との整合性がとれないし、一二号文書にある名胡桃領三百貫文の地が宛がわれたことの確認が出来ないだろう。この矛盾をどうしても説明出来ない。
いずれにしても、吉田新左衛門の所領は、天正十七年十一月の時点で、これまでの二百七十貫文余に加えて二百貫文の加増となり、合計四百七十貫文余となる。そして、栗須郷分を加えると約五百貫文余という所領を有したことになるだろう。

吉田家文書23　**猪俣邦憲判物（写）**（天正十七年・一五八九年）本編69頁
【読み下し文】
知行方
百貫文　下川田屋敷
以上自分に知行されるべき、
百貫文　同所の内佐々尾（篠尾）
この所有、
四貫五百文は足軽三人の給、
五百文は実相院分、
八貫文は小保方式部分、
壱貫五百文は同治部少輔分、
拾六貫文は金子美濃分、
六拾九貫五百文は山名分、
以上百貫文、
この着到、
六拾貫文は鉄炮衆卅人組
一人二貫文宛の給、
廿貫文は弓衆廿人　但一人壱貫文宛の給、
廿貫文は鑓衆廿人　同じ、
以上、
合、貳百貫文、
一、右七十人の足軽、番普請所用之時、
騎麗美輝に為すべく走廻り、その日数次第扶持を出すべき事
一、境内所用の刻、右の足軽を相集め、ひと備えを以て、
まずまず御用走り廻ること、
先代より相定め大途の御用、諸役共古来の如く為すべく致し候事、以上
右、去年境内にこれ有って、苦労致し候得共、
当座知行不足に候間、まず、右の如く出し置き候、
一方、本意次第、一跡扶助すべく候哉、走り廻るべきなり、
よってくだんのごとし、
丑
十一月二十八日　邦憲（花押）
吉田和泉守（真重）殿

【解説】天正十七年十一月二十八日に、沼田領を預かる猪俣邦憲から、吉田和泉守に出された所領に対する軍役を記した着到状である。前年、邦憲は、名胡桃に三百貫文の地を用意したので、本意次第、これを知行すべきと言う文書を与えている。天正十七年九月一日の年貢催促状（吉田家二二号）によれば、沼田市内の利根川両岸に三百三十貫文を与えられている。ここに示される下川田二百貫文の地は、利根川右岸の吾妻街道渡河点にある。新たな領地の一部篠尾は、旧沼田氏の家臣であった沼田地衆の所領で、約束より百貫文が不足しているが、昨年（天正十六年）苦労して手に入れたもので、当座は知行地が不足しているので当面の処置とことわっている。但し、その内、百貫文分は、新たに加わった鉄炮足軽衆三十人、鑓足軽衆二十人、弓足軽衆二十人の給分であり、ここで七十人の足軽衆を新たに引き連れた大身の武将になった事が解る。

吉田家文書24　**陣所法度（写）**（天正十八年・一五九〇年カ）本編70頁
【読み下し文】
定め　陣所法度定め書き
一、軍勢味方の地に置いて、乱暴狼藉の族、一人残らず伐（切）るべき事。

一、陣所において、火を出しす輩あらば絡め取り、出し候、自然逐電せしめるは、その主人罪科加え出す事、
一、ぬか・藁・薪・草・枝以下、亭主に相断り、これを取るべき事、
右の条、これに違犯せしめる者、たちまち厳科に処せられるべき旨仰せ出されるなり。

【解説】前田利家の鉢形城攻めの際に出された、鉢形衆への陣中掟と見られる。
一、鉢形軍は、味方の地内において乱暴狼藉を働くことを禁止し、これを行う者は一人残らず斬り殺す事。
一、陣所において、火を出した者は絡め取って差し出すこと。また、逃げ出した者が居れば、その者の主人に罪科を課す事。
一、糠・藁・薪・草・枝は亭主に断ってからこれを取る事。
右の条に違反した者は直ぐに厳罰に処せられると仰せられた。

**吉田新左衛門父子の氏邦家臣時代の軍役の推移**

| 年 | 所領等 | 軍役 | 合計人数 |
|---|---|---|---|
| 天正元年以前 | 親六貫文<br>自身一四貫文 | 馬上一人<br>馬上一人・他一人 | 親・自身<br>**計三人** |
| 天正二年以降 | 猪俣・用土上下・北甘粕・小栗 | 右同 | 右同 |
| 天正八年 | 栗須郷半分 | 不明 | 不明 |
| 天正十一年以降 | 小嶋郷百貫文 | 一本小旗・一挺鉄炮・一張弓・六本鑓・騎馬一人、合計十人 | 十人<br>**計十三人** |
| 天正十六年 | 黛郷百五十貫文<br>権現山城在城に伴って宛行 | 騎馬一人・一本小旗・一挺鉄炮・二本鑓、計五人（五十貫文分）、他に 鉄炮衆二十人（百貫文分） | 十八人、預り二十人<br>**計三十八人** |
| 天正十六年 | 権現山城在番衆 | 自身の軍勢五人の他に鉄炮衆二十人、徒足軽五人、鉄砲足軽七人、馬上足軽二十七人<br>合計三十九人。 | 十八人<br>預り五十九人<br>**計七十七人** |
| 天正十七年 | 川上吉三十貫文<br>間庭三十貫文<br>政所七十貫文<br>下川田二百貫文 | 鉄炮衆三十人・鑓二十人・弓二十人<br>百貫文については黛郷と引き替え<br>**鉄炮衆の合計五十八人** | 十八人<br>＋五十九人<br>＋七十人<br>**計百四十七人**＋α |

＊天正元年以前には親子での軍役は馬上二人と足軽ヵ一人。
＊栗須郷半分についての軍役は知られないので一応除外して考えても、天正十六年の権現山在城の軍勢は合計七十七人。
＊下川田を宛行われた天正十七年にはこれに、鑓足軽二十人、弓足軽二十人、鉄砲足軽三十人が加わり、総勢百四十七人の軍勢となっている。中でも鉄炮衆の数が群を抜いて多く、自身と預かり衆を合わせて五十八人となり、全体の四割弱が鉄炮衆と考えられるのである。

**〔会津時代〕**

吉田家文書25　**荒地之目録（写）**（慶長四年・一五九九年）本編71頁

**【読み下し文】**

荒れ地の目録
一、七十石は北草、郡山の内
一、三十石は中小松
一、四百五十石、吉田村
合五百五十石
右、休の儀、一年荒れは一年休み、二年荒れは二年休み、総て荒れ地の年にこれを応ずべく候、只今、荒れの様子知らせずに候間、以来、詮索の上、年季明け次第に、相当の御軍役成され置くべくものに候なり、よってくだんのごとし、
慶長四年三月二十七日　春日右衛門（印）
吉田新左衛門殿参る

【解説】吉田和泉守真重は、北条氏滅亡を契機に、再び新左衛門の官途名を名乗っている。吉田新左衛門は上杉景勝の会津転封に伴い、春日右衛門配下の武将として、会津郡山に五百五十石の領地が与えられた。この土地は、今の会津若松駅の北方の地域で、会津若松市内にあった。

しかし、その土地は荒れ地のようで、この土地について、春日右衛門は、荒れ地の状況がわからないので、改めて調査し、これを決めるとした。そして、この荒れ地の状況が確認でき、年季が明ければ、それに応じた軍役を果たして貰うことになると伝えた。吉田新左衛門の上杉氏へ転身後の様子は、上杉氏の「文禄三年定納員数目録」に知られる。ここでは、水谷信濃守上倉（上倉治部大輔）抱で、二十三石三斗・一人半扶持を貰っていた事が知られる。この時、逸見十八郎は大瀧甚兵衛同心、飯山に七十一石七斗三升九合・四十三人扶持となっている。慶長四年の頃に作成された「会津御在城分限帳」には上泉源五郎組の内、寄合として五百石吉田新左衛門、五百石逸見四郎左衛門この内百五十石御蔵出、二百石東使弾正、そして、上泉源五郎組として二百五十石逸見十八郎が記録されている。吉田氏は、会津転封後になって五百石が与えられたと考えられるが、その土地は荒れ地で相当厳しい環境に置かれたことが窺われる。

吉田家文書26　**郡山村開作覚（写）**（慶長四年・一五九九年）本編72頁

【読み下し文】

郡山村開作の覚え

一、十二石三斗は一年荒れ
一、二十三石五斗は二年荒れ
一、三十四石二斗は三年荒れ
合七十石

右、今度、在々地方詮索について、貴殿の才覚を持って、お開きの通り、百姓申し分、注文仕り進じ候、年季明け次第に御軍役のために候間、一筆此の如く候、よってくだんのごとし、

籠島惣右衛門　印
慶長四　九月十三日
吉地平右衛門　印

吉田新左衛門殿

【解説】先の春日右衛門の書付を受けて、六ヶ月後、改めて吉田新左衛門が開墾入った土地について、調査された結果が示された。「これは郡山村開拓地分についての結果であり、それは荒れ地としての確認は一年から三年であったことになる。

吉田新左衛門の才覚で開いたとおりの結果であり、そこに入った百姓が申し出たとおり申告した。そして、年季明け分から軍役が与えられると、改めて一筆したためた」と伝えられる。

吉田家文書27　**上泉主水判物**（慶長四年・一五九九年）本編73頁

【読み下し文】

吉田新左衛門組

大澤　因幡
矢嶋　三川(河)
東使　弾正
大沢縫殿之助
枩村　大学
坂本又衛門
村岡源左衛門
辻郷左衛門
横田　玄蕃
竹田　舎人
樋口　主計
関野藤右衛門
根岸　傳内
秋塚金太夫
見持　兵庫
湯浅新之丞
樋口惣左衛門

萩原雅楽助
萩原　和泉
北爪平二右衛門

以上

右の衆、まず御組に書き覚え申し候、御用の刻は貴所へ申し入れるべく候、また、この内も貫目に付いて、以来、書き替え申すべく候、まず、当意の事に候、その分、御心得有るべく候ものなり、よってくだんのごとし、

慶長四
十二月晦日　上泉主水（花押）
吉田新左衛門殿参る

吉田家文書28　**御軍役帳之（写）**（慶長四年・一五九九年カ）本編74頁

御軍役帳之写

| | | | | | |
|---|---|---|---|---|---|
| 百石 | 壱丁 | 鉄炮、 | 壱丁 | 手やり、 | |
| 百五拾石 | 壱丁 | 鉄炮、 | 壱本 | 長物、 | 壱本手鑓、 |
| 貳百石 | 壱丁 | 鉄炮、 | 壱保弓、 | 壱本長物、 | 壱本手槍、 |
| 三百石 | 貳丁 | 鉄炮、 | 壱丁弓、 | 弐本長物、 | 壱本手やり、 |
| 四百石 | 貳丁 | 鉄炮、 | 弐丁弓、 | 三本長物、 | 一本手やり、 |
| 五百石 | 四丁 | 鉄炮、 | 弐丁弓、 | 弐本長物、 | 一本手やり、 |

拾月十七日

【解説】吉田新左衛門は先の文書で二十人の武将を預けられたが、この文書は、これらの武将の軍備を把握する為に記した「覚」であろう。

吉田家文書29　**春日右衛門書状写**（慶長五年・一六〇〇年カ）本編75頁

【読み下し文】
雪中の時分、そこ元、御在番ご大儀に候、貴殿お越し故、馬上衆も数多く参られ候由候間、形（刑）部殿、此の方へ呼び申し候、実城へ口上、形（刑）部方の居候所へ御座候間、諸事仰せ付けられ為すべく候、この刻、刑部方同心共くつろげさせ申したく候間、御越し候て為すべく候、詮索申し候て、越すべく申し候、御用の儀候は、杉右衛門尉に仰せられるべき候、恐々謹言、

尚々、御苦労ながら万事頼み入り候、以上

十月二十四日　春（日）右（衛門）（花押）
吉（田）新（左衛門）殿参る

「昆孫の嫡吉田弥太郎重英述べる。これ実城とは御本丸と言う事、
昔は実城と申したり」

【解説】（意訳）雪の季節に其方様の御在番、大変大儀なことです。貴殿が参られ、馬上衆も多数参られたと言う事なので、刑部殿をこちらへ呼びました。実城への口上は、刑部方の居所にいる間の諸事を仰せ付けられた。この時は、刑部方の同心共をくつろげさせたいと考えているので、お出でいただいて、お勤めいただきたい。細かいところまで申し上げ、お出いただくように申し上げる。御用の事は杉右衛門に申していただきたい。

（慶長五年カ）十月廿四日　春　右（花押）
吉新殿参

返すがえすも、ご苦労なことですが、万事宜しくお願いします。

以上のように記されている。会津在番か、その他の城の番交代で出動したのであろう。吉田新左衛門が在番に出かけたので、それに従って、馬上衆が多く出馬したと言うから、やはり、吉田新左衛門組とされた二十人の武将は百石取り級以上の武将達と考えられる。慶長四年十二月晦日に吉田新左衛門組の編成が行われているが、慶長六年八月の出羽に転封に伴い吉田新左衛門は浪人するので、この年は慶長五年と確定して良いだろう。

最後に、次の様な追記が見られる。

「五代後の嫡孫、吉田弥太郎述べる。ここで実城というは、本丸のこと。昔は実城と申したのである。」

重英とは、吉田新左衛門真重から五代後の吉田家当主七代目。元禄十五年九月十七日生、安永六年十一月十八日没。弥四郎と称している。

吉田家文書30　**御武者揃に付出立之覚（写）**（慶長四年・一五九九年カ）本編76頁

【読み下し文】

一馬上衆は、思々の出立たるべく候、もっとも、立物・腰さし迄も同前と為すべき事

一鉄炮衆の事、山城手前の者は、いづれも具足・白だんの皮笠、黒きゆ籠手に候、右の道具御持の方々は、手前の衆のごとく然るべく候、具足これなき衆は、背板仕立てに元の如く亀甲の付いた木綿母衣、御着せあるべく候、旗差し物はいづれも元の如く筒白の傘袋に候事、

一弓衆も、手前の者は右同前に候、各々自分の衆には、右のごとく、背板仕立て、木綿母衣、笠は鑓持を除き、申す如く成、笠に金の亀甲を付け、御着せあるべく候、指物は元の如く、筒白の四半に候事、

一惣て長柄持ち、是も背板仕立てに、右のごとく木綿母衣、笠は常のごとくの皮笠、金の亀甲、指し物は元の如く、筒白のしないに候事、付、手鑓は思い思いの拵え様たるべく候、母衣はいづれも亀甲たるべく候、さし物はこれ有るまじきと存じ候、若松へ内談を受け、重ねて申す可き候事、

一幟差しはもっとも、具足に、笠は、何にても思々たるべく候事、付紋は重ねて申し越す可き由に候、地を御支度あつて、相触れ等れるべく候、

一手明、馬とり、是も思々の出立たるべく候、但し、右よりいづれへも申す理候ごとく、亀甲の内、千の字は山城手前ばかりに候事、

一御軍役の外に、人數など持たせられ候衆は、母衣差し物迄も、手前より貸し申さるべく候間、健やかなる者に候はば、百姓の子どもなり共、召連られ、もっともに候事

右之通り、御組中へ急度仰付られるべく候、若松にては、今日、明日に打立為されるべく様に御支度候、御油断あるまじく候　以上、

一長柄は、黒塗りに御支度あつておかせられべく候、
御武者揃の時ばかりは、此方より貸し申される事あるべく候、

十二月十三日　春日右衛門
上泉主水殿　参る

【解説】（意訳）

御武者揃に付、出立之覚（写）

一、馬上衆はそれぞれで出立する事。立物や小旗などは従前の通りとする事。

一、鉄炮衆は山城守自身の者は、いずれも具足・白檀の皮笠、黒い籠手とする。右のような道具を持参の方々はわたくしの衆の様に致す事。具足がないものは背板仕立に、今までのように金の亀甲の付いた木綿の母衣を着せ、指物はいずれも今まで通り、筒白の傘袋とする事。

一、弓衆もわたくしの衆は今まで通りである。各々自分の衆は右のように同様に背板仕立の木綿の母衣、笠は鑓持ちの（如）き申すようにさせ、笠には金の亀甲を付けて着せるよう。指物は今まで通り、筒白の四半（縦四尺半・横四尺の筒状の布旗）とする。

一、惣ての長柄鑓持は、何時もの通り、これも背板（荷物運搬に利する背板）仕立にして、右のように木綿の母衣を着せ、笠はいつものように皮傘に金の亀甲を付け、指物は今まで通り、筒白の「しない（風に靡くように竿がしなやかに作られた小旗）」とする。

一、幟持ちは具足を付け、笠は思い思い何でも良い。付紋は改めて申し付けられる事という。支度して触を待つように。

一、たいまつ持ち、馬の鼻取りも思い思いの身支度で良い。但し右のいずれにしても、亀甲の内の千の字は、山城だけが使用する。

一、軍役以外に動員された衆は母衣差物まで当方でお貸しいたすので、健康なる者であれば百姓の子供でも召し連れて良い。

右の通り、御組へ急ぎ仰せ付けられた。会津若松では、今日明日中に出立できるよう支度し、油断有ってはならない。

一、長柄の鑓は黒塗りにしておくようにするべきで、武者揃えの時だけはこちらから貸すことがある。

十二月十三日　春日右衛門
上泉主水殿参る

会津時代、上役の春日右衛門から、上泉主水に出された軍法である。この写しが組下の吉田新左衛門に渡された物と見られる。慶長三年八月の秀吉の死後、権力を指向した家康と、上杉氏等の対立が激化していく状況にあった。景勝は、慶長四年九月に最上攻めに出陣、慶長五年六月には徳川家康が会津征伐に出陣、九月には「関ヶ原合戦」など、上杉家を取り巻く環境は大変厳しいもので、これまで知られない子供の徴兵さえ行われた事を示している。戦備えを改めて指示した物であろう。慶長四年の物か

吉田家文書31「□□□□組書上カ」（慶長五年・一六〇〇年頃カ）本編78頁

一番
三百石　石原兵部
弐百石　朝乗傳三
弐百石　山上三右衛門
弐百石　青木又左衛門
弐百石　米津藤三
弐百石　桜木茂左衛門漆
百五拾石　原豊前
百五拾石　柴田長左衛門
百五拾石　吉田久右衛門
百五拾石　瀬山丹後
百五拾石　磯辺三右衛門
百五拾石　石坂権之助
弐百石　金子大学
弐百石　新野右近
弐百石　井草左門
百五拾石　黒澤伊賀
百五拾石　石田佐平次
百五拾石　佐井木藤介
百石　今井権之丞
百石　中山喜兵衛
百石　入江九右衛門
百石　井澤角左衛門
百石　野垣内忠右衛門
百石　佐次半左衛門
百三拾石　大付大炊助
百石　青木半兵衛
百石　浅野市助
百石　堺 次郎作
四百石　高岡 代
三百石　滝上平右衛門
弐百石　妹尾大学
百五十石　木部源左衛門
百石　成田又七郎

二番
三百石　芳賀左門
弐百石　斎藤市兵衛
弐百石　東使弾正
弐百石　吉沢源十郎
弐百石　大沢縫殿之助
弐百石　熟塚外記
弐百石　黒田半七郎
弐百石　長瀬伊賀
百五拾石　大沢因幡
百五拾石　根岸傳内
百五拾石　矢嶋三河
百五拾石　松村大学
百五拾石　角谷丹波
百五拾石　石田弥右衛門
百五拾石　坂本又右衛門
百五拾石　樋口惣左衛門
百五拾石　三友郷左衛門
百五拾石　竹内舎人
百五拾石　吉田右馬之助
百五拾石　三原源十郎
百石　萩原和泉
百石　秋塚金太夫
百石　北爪平次右衛門
百石　小此木喜右衛門
百石　村岡源左衛門
百石　秋葉三郎兵衛
百石　遠山三左衛門
百石　こも田
百石　三ケ尻甚内
三百石　小曾祢安藝
百石　湯浅新之丞
三百石　逸見代

落丁紛失
百石　矢嶋三河
百石　村岡弥太郎
弐百石　角屋丹波
弐百石　福田勘解由左衛門
弐百石　根岸傳内
百五十石　関野藤右衛門
百五拾石　戸塚兵部
百五拾石　湯浅右馬允
百石　けん持兵庫
百石　横田玄蕃
百五拾石　樋口主計
百五拾石　田口五郎兵衛
百五拾石　秋塚金太夫
弐百石　竹田十郎兵衛
百五十石　中山作右衛門
弐百石　畔田大学
百石　安富民部
百石　布施甚四郎
百五十石　丸山是非
百五拾石　小林善四郎
百五拾石　石森宮内
弐百石　韮塚對馬
百五十石　同　左馬介
松山衆
弐百石　金子紀伊守
弐百石　妹尾大学
百五十石　木部源左衛門
百五十石　はがの右衛門
弐百五拾石　斎木藤介
百五十石　吉澤内記
百石　石田孫右衛門
百五十石　三沢九郎左衛門
百五十石　やな右京
百石　竹井三右衛門
日比出 出雲允
百石　斎藤舎人

（一番続き）
三百石　金子紀伊守
合卅五騎
右之高
合五千九百卅石
鉄炮衆
新居金右衛門
小寺三内
新居八兵衛
小嶋与五郎
金井孫左衛門
河野三右衛門
桑原源左衛門
新居二右衛門
鈴木権助
茂呂藤十郎
佐藤与七郎
金井藤三郎
小野与右衛門
小瀧市助
遠藤新介
青木善五郎
新野清左衛門
遠藤惣左衛門
大内清四郎
谷 柴 左近
鈴木喜兵助
根岸市右衛門
山田喜兵助
渡戸新蔵
斎藤清三郎
小河庄助
佐野清五郎
綿貫善四郎
佐間藤三
以上
弐拾九人

（二番続き）
弐百石　赤見七郎左衛門
百石　中山作右衛門
五百石　吉田新左衛門
合卅五騎
右之高
合五千九百五拾石
鉄炮衆
椿 与助
我妻彦八郎
山尾弥兵衛
小林弥兵衛
山崎与助
橋爪久兵衛
小河左助
斎藤織部
古橋左助
渡部掃部
岩瀬万兵衛
河崎弥六
金子掃部
小野弥次右衛門
高橋新九郎
須賀野新兵衛
仁藤縫殿助
鈴木二郎兵衛
竹倉新兵衛
大谷藤左衛門
石丸彦三
朝倉彦六郎
清水又助
窪田孫七郎
初山孫蔵
五十嵐久助
芳賀善六郎
田中孫六郎
平居善七郎
合弐拾九人

（三段目続き）
百石　田口正九郎
百五拾石　岡のほり
茂右衛門
此所ノ末落丁紛失也

【解説】会津時代の上杉景勝の下にあった上泉主水衆の軍勢の書き出しであろう。吉田新左衛門は二番組の筆頭石高の侍であり、五百石で三十五人の寄騎を率いる武将と見られる。一番組も寄騎三十五人と鉄炮衆二十九人、吉田の二番組は寄騎三十五人に鉄炮衆二十九人、三番組と見られる組は三十七人の寄騎が記される。三段目の内、四人は重複記載の武将で実質三十三人となるが、前後が紛失しているという。

吉田家文書32　**上泉主水書状（写）**（慶長七年・一六〇二年カ）本編80頁

【読み下し文】

御書中、珍しく披見、まずまず御達者の由、目出この事に存じ候、なお、御身上、この方へ、お移り有りたくの由、もっともに存じ候、去れども、此の口のことも際限なく、牢人衆一切抱えられず申し候、されども、方々の御事は、これ以前も、寄り／＼お噂申し候間、御身上思し召すようには、罷り成る間じく候へども、お出で候者、罷り成るよう才覚申すべく候、兎角、東使方申されべく候、またこの方へお移り候とも、再仕官の口の御沙汰なく、なんとなく与お越しなられるべく候、又、この方へお下り候ても御身の上、然るべく様にと思召しそうらわば、罷り成りがたく候、申すべき事は、東使方へ申し談候、急ぎ候間早々、恐々謹言

むかしのわがまま御存分などにて、そこ元、地頭方の前へ、悪しからぬ様になされ、お下り成られべきに候、むざと、後々悪しくなられそうらわば、しかるべからず候、詳しくは、是も東使殿に申し候間、早々御報に及ばれ候、草々。

尚々、委細は弾正方へ申されるべきに候、草々

五月十九日　判

米沢より

上主水

吉新殿御報参る

【解説】（意訳）

お手紙を珍しく拝見致しました。大変お達者のご様子お目出度う御座います。さて、ご自身はこちらへお移りになりたいとのご希望ですが、誠にごもっとものことと存じますが、しかしながら、こちらでは一切、牢人衆を召し抱えない事になっています。しかしながら、あなた方の事は、以前にもそのような事を伺っていますが、お考えのようにはできません。お出かけされるのはご自身のお考えでしょうが、まずは、東使殿に申されたらどうでしょう。また、こちらへお移りいただいても仕官の見通しはなく、何となくお出でいただくことになります。また、こちらへお出でいただいて御身上について、お考えのようにと考えるなら、どうにもなりません。申したき事は東使殿に申して下さい。急ぎの事なので早々お返事致しました。

（慶長七年カ）五月十九日　米澤より

上主水（上泉主水）

吉新殿（吉田新左衛門殿）へ御報告

なおなお、昔のわがままな考えで、そちらの地頭方の前に、悪いことにならないようになされ、下ってこられるべきであろう。むざむざ、後々悪いことになられるなら、どうにもならない。詳しくは、これも東使殿に申して有ります。速く、報告されるようにしていただきたい。なお、詳細はこれも、東使弾正方へ申してありますので、急ぎ報告して下さい。草々。

かっての上司、上泉主水からの返事は、吉田新左衛門に取って最悪のものであった。上杉家に再仕官する道は絶たれた事が解る。この後、吉田新左衛門は越前結城秀康の家臣・藤田大学を頼って仕官の道を探る。一方、この時点では、東使弾正は上杉家の家臣として、上泉主水の元にいたことが伺える。

吉田家文書33　**藤田大学書状（写）**（慶長八年・一六〇三年カ）本編81頁

【読み下し文】

幸便の間、一筆申し入れ候、よって、その方御身の上の儀、何方へも相済まず、引き籠もりなられそうらわば、何方へも、肝煎りを進べく候、先度、口上にて、一杉殿に伝言に候間、委しくはまた、この度、一杉方その地へ参られ候間、返事ながら申し入れ候、柚木殿と申す人に、委しく頼み申し候、その地にて身の上余は、一杉殿へ口上の如くなられるべきに候、様子の儀は、詳しく一杉殿に口上に申し候間、委しく申し入れず候、恐々謹言、

四月二十七日　（花押）

越前より

吉田新左衛門殿　藤田大学

かえすがえす、良き黒などにて、速き馬など、この方にて馬はやりそうろう間、御引き上らせ候て、ご見物と思召し、お越しなられるべき候、大方の様子は、一杉殿に口上にて具に申し入れ候、文にては申しにくく候間、残し申し候、余は何方へも肝煎り候て、遣わすべきに候、これは口上にてたまわり候間、申すことに候、以上

【解説】（意訳）

都合の良い便りに託して一つ申し入れます。其方の仕官のことに関してどちらへも行は済んでおらず、引き籠もり為されないならば、どちらかに心の通じた方を伺わせるべきで、先ほど口上を持って一杉殿へ伝言いたしました。詳しくは又。此の度、一杉方（が）そちらへ参られるので、返事について申し入れました。由木殿と言う人にお願い致しましたので、そちらで身の上のことについて、口上のように申し上げて下さい。詳しくは一杉殿の口上に申し上げてありますので、詳しくは申し入れてありません。

（慶長八年カ）四月二十七日　印判　書拝

吉田新左衛門殿　藤田大学

返す返すも、良い黒で足の速い馬など、こちらでは馬が流行っており、馬を引き連れて、御見物いただく事などをお考えいただき、お越しいただきたく存じます。大方の様子は、一杉殿に口上にて、具体的に申し入れてあり、文にては申し上げにくく、記していません。今後は、気持ちの通じた人を使うべきでしょう。これは口上にて伺った事を申し上げた事です。

書状の内容は以上の通りとなるだろう。

上杉景勝が慶長六年八月十六日、会津から米沢三十万石に転封になったのに伴い、吉田新左衛門は浪人し、会津に留まって居た。先に、会津時代の上役である上泉主水から、米沢では新たに召し抱えの考えはないという書簡を貰っていた新左衛門は、鉢形時代の藤田大学を頼って、仕官の糸口を探していた。この書状は、越前結城藩に仕官して母衣組四百石の旗本になっていた藤田大学からの返事の書簡である。

吉田新左衛門の申し入れに対して、大学はその身の上を案じ、どこへでも肝煎りを送るべきで、先頃、話として一杉殿にその事を伝えた。詳しい事は一杉殿がそちらへ参られると言う事なので、返事について申し入れ、柚木殿という人に詳しく頼みました。そちらで詳しい身の上などは一杉殿に申されるであろうから、詳しくは申し入れしてはいません。

返し、黒くて立派な速い馬はこちらでは流行っていますので、馬を引いて参られ、御見物とお考えになられて、参られたらいかがでしょう。大方は口上にて一杉殿に具体的に申し入れて有ります。手紙にては申しにくく、お伝えできません。残りはどちらでも、肝煎りを遣わすべきでしょう。これはお話の中で承った事です。以上。

藤田大学の書状は、吉田新左衛門にとって希望が持ち得る内容であった。この一杉殿や柚木殿については、結城秀康の家老本田伊豆守重富（富正）配下の武将とみられる。吉田新十郎は、慶長十年十月までに本多伊豆守の家臣として召し抱えられている。

**〔越前時代〕**

吉田家文書34　**本多伊豆守富正判物**（慶長十年・一六〇五年）本編82頁

【読み下し文】

宛行知行分の事

一、五十石　杣山村の内　（福井県南条郡南越前町北部）

一、二十石　宮谷村の内　（鯖江市）

一、八十石　神子森村の内　（福井市）

合百五十石

右、扶助せしめおわんぬ、全て領知すべきものなり、よってくだんのごとし

慶長十年十月二十日　（本田）冨正（花押）

吉田新十郎殿

【解説】吉田家に残る越前結城秀康家老、本多冨正から下された吉田新十郎宛の領地宛行状である。

慶長七年、藤田大学を頼って、新たな仕官の道を探っていた吉田新左衛門の息子新十郎は、藤田大学の肝煎りで、慶長十年、結城秀康家老本田冨正の家臣

として召し抱えられた。

吉田新十郎、後の善兵衛が与えられた領地は、越前の杣山（そまやま）（南南条郡越前町北部）、宮谷（鯖江市）、上小森村（福井市）にあり、現在の福井市周辺の地城百五十石であった。新十郎とは、吉田新左衛門実重の長男で、後に武蔵帰国をする吉田善兵衛信重である。父新左衛門真重は、別途七百石を受領していると吉田系図に記されているが、この史料では確認できない。

吉田家文書35　**某書状写**（慶長十一年・一六〇六年カ）本編83頁

**【読み下し文】**

この度、黄門供せしめるべきの由達し存じ聞こし召されるに及び候、ご沙汰の限り候、三河守至り、取立に置いては、忠節浅からず思し召し候間、その旨深く存ずべきものなり、

後　四月十六日

本多伊豆守どのへ

**【解説】**黄門（中納言の別称）

（意訳）本多伊豆守が、結城秀康中納言の供を仰せつかった。連絡があったとおりである。三河守の取り立てについては、（これまでの）忠節が浅くないとお考えになられており、その事を深く知っておくべきである。

後（「午」とすれば慶長十一年か）

四月十一日

本多伊豆守殿

これは藩主結城秀康から家老本多伊豆守に出された判物の写しであろう。越前結城藩の給帳では、本多三河守は知られない。三河守の取り立てについて忠節浅からずと考えてのことであることを良く知っておくようにと伝えている。

吉田家文書36　**山川長政火薬極意書（写）**（慶長十九年・一六一四年）本編84頁

□焔序

□は　南蛮国より我が朝に□普廣（ふこう）といえども比道に至り会得の者□人間の五体これ有る如く、地・水・火・風・空、過去・現在・未来、これ有る手台、地と為し、台尻、水と為し、火を以て火薬と為し、空風の為を以て、言舌の及ばぬところなり、当初の極意空などに、身にも、心にも覚えず、唯恬然と放出ところ是なり、則ち、教外列伝文字立たずの所以なり、仏法の極み、妙雪上の初心、少しも立ち停どまざる事一つべからず、心迷う事、この各思い無邪なり、鉄炮放つは、第一、三の構え、四方四角、現五体の本意なり、

山本古兵衛

山河佐兵衛

慶長十九年寅三月吉日　長正（花押・朱印）

吉田善兵衛殿参る

**【解説】**越前時代の吉田善兵衛に与えられた鉄砲に関する極意書で、左記の火薬極意書と同時に伝授されたものであろう。吉田氏は鉢形家臣の時代から、火薬、或いは、鉄炮に通じた能力を有していたとみられるが、この力を評価され、越前結城秀康の元で改めて火薬の極意書を授与されたと見ておきたい。

吉田家文書37　**山川長政火薬極意書**（慶長十九年・一六一四年）本編84頁

**【読み下し文】**

右、極意の薬の巻、卒示、相渡す事なきと言えども、御執心浅からずにより、残らず相伝せしめ畢、親子兄弟となすと言えども、巳前免無く、他見他言、いささかも御座あるまじく候ものなり、よってくだんのごとし、

三火斎

山本古兵衛

山河佐兵衛

慶長十九年甲寅　弥生吉日　長正（花押・朱印）

吉田善兵衛殿参る

**【解説】**慶長十九年に山本長正から渡された火薬の巻の極意書である。この史料は武州文書に知られるが、昭和四十二年の調査時には、すでに行方不明とな

っていたという。

吉田家文書38　**藤田大学書状（写）**（元和三年・一六一七年）本編85頁

【読み下し文】

一書申し入れ候、よって、それ以来はお目にかかれず、御ゆかしき存じ候、貴様何方に御座候やと存じ、大阪に於いても、小笠原殿御陣庭にて相尋ね申し候ところに、お留守の由、近日お目にかかれず候、しかるに、そこ元ご堪忍の由、吉田善兵衛物語りに候、随い、この度、吉田善兵衛伊豆守殿より暇を請けられ、関東へ参られ候ところ、そこ元人留めにて、御座候故、郎子そこ元に置き申され、ここ元へ参られ候、彼の人、暇を請い申され処、越前の国は相違無く人留め通し参られ候、本国関東猪俣と申すところに一類御座候て、路人候間、その在所へ参られ候間、貴様御才覚にてお通し存ずべきに候、依頼は役方に付、難しき儀そうらわば、我等方へ承りたく候、欠落人にても、あき人にても之無く候、子郎党等下人ばかり連れ候て参られ候間、よくよくご詮索なられ候て、ご覧じ成られるべく候、その為、我々一札まいらせ候、六拝

二月十四日　藤田大学（花押）

出橋左衛門兵衛様

かえし、今度、大阪も良く、両度ながら手に合い申し、尺際御座候、搦手仕り候、お心易くあるべく候、同勢も恙なく御国替えの大柿へお越しの由、承けたまわり候、大藤殿も牢人申され候申しきたり候、如何様なる馬お持ち成られ候哉、我々は良き馬二つ持ち申し候、お目に掛けたく候、この筋、御用などとも儀そうらわば承り候、貴様など良きなり馬お乗りなられ候衆、ここ元御座候、お尋ね下さるべく候、間近く候間、進上べく、お出でこれあるにて、肥後（守）へは、申すべきものをと取り計らいに候、今、吉田善兵衛本多伊豆守衆より、相違無く暇を請い、関東へ参られ候間、お気遣い無く、お返し下されるべく頼み入り候、以上、

【解説】（意訳）一筆申し入れます。あれ以来お目にかかれず、（その後）知りたく思っておりました。貴殿いずれかにお居でかと思い、大阪においても小笠原殿の御陣庭においてお尋ねいたしたが、お留守でした。その直後にもお目にかかれませんでした。ついては、そちら様で（足止めされ）堪え忍んでいると、吉田善兵衛が報告して参りました。その事は、この度、吉田善兵衛、本多伊豆守殿よりお暇を頂き、関東へ参る途中、そちらで人留めがあって、すなわち、子はそちらに留め置かれていると申してこちらに参りました。彼の人は暇を頂いたと申しており。越前の国は間違いなく人留なく通過させていただき、本国関東の猪俣という所に一族がおり、そこへの道中で有りますので、貴殿の才覚にてお通し下さい。それに、お役方のことで、問題があれば当方で承ります。欠落人でも、人商いの者でも有りません。子供・家人・下人だけを連れておりますので、よくよく御吟味、ご検分なされていただきたい。そのため、我々は一札お出しいたしました。　書拝

（元和三年）二月十四日　藤田大學（判）

出橋左衛門兵衛様

返し

この度の大阪における合戦も二回に亘り出陣して高名を上げられ、お心安き事、この上ない事でしょう。貴殿やその支配の者達も、御国替えの大垣へ移られた（松平忠良が大坂夏の陣の高名により、元和二年、関宿から大垣へ移封の事カ）とお聞きしています。大藤殿巳（自身）も浪人なされたと言ってきました。どのような馬をお持ちになられておられるのでしょう、我等は二疋の良き馬を持っており、お目にかけたく存じます。あなた様などは良き馬に乗られる衆、こちらにいますのでお尋ね下さい。間近にいるので差し上げたいので、お出でいただき、肥後守へは申し上げるべきものかと（考えを）致すばかりです。今、吉田善兵衛は、本多伊豆守様の所より間違いなく暇乞いをいたし、関東へ参る途中であり、支障なくお返し下されるようお頼み致します。

これ以下は、吉田新左衛門の悴善兵衛が本多家臣の家督を弟藤左衛門重秀に譲り、父新左衛門真重を預けて帰郷したが、この時の木曽福島関所で足止めをされた時、足止め解放に尽力された関係者の書状一件と、帰郷に当たって、従兄弟の逸見四郎左衛門が屋敷払い下げに動いた時の一件に関する書状である

吉田家文書39　**山田弥五左衛門書状（写）**（元和三年・一六一七年）本編86頁

【読み下し文】

一、書状啓上せしめ候、さてそれ以後は久しく御意を得られず候、御ゆかし

く存じ候、大阪の両御陣にて恩尋ねも申したくそうらえ共、手前隙これなく候故その儀無く候、京都において原勘三郎物語り申され候、御仕合い能く御帰陣の由たまわり満足仕り候、我等儀も両陣共に何ごとも無く罷り帰り候、随い手はずをも申し合わせ候間、御心安られるべく候、

一、この人吉田善兵衛と申し候、本多伊豆守寄騎にて罷られ有りそうらえ　共、暇を貰い関東武蔵へ罷り下り申され候、木曽谷に於いて子郎党御留め　候由たまわり候、少しもかまい無き人に候間、相違無くお通し下されるべく、その為我等書状を申し遣わし候頼み奉り候、

一、当国御用等もそうらわば、仰せ下されるべく候、ご無沙汰存じまじく候事、

一、親に候勝右衛門は手負い申し、不歩行になり、何方へも無沙汰、貴様御噂普段申し候、

一、玉生権太夫、討死申し、子とも跡式取り申し罷り有り候、お心安られべく候、籠谷ゆうあんも当国に候、御噂申し候、

一、かの牢人、親をば吉田新左衛門と申し候、中納言殿別してご存じの者に候、かの善兵衛も奥州にて直江山城殿御下にて茂上衆合戦候時分、随分走り廻り申され候、若き者にそうらえ共、自然の御用にも罷りたつべく　候間、七郎右「衛門」様へ御申し、明け所も御座そうらわば、そこ元にてお抱え候様に頼み入り候、一段律儀の成人に候、我等請けにも罷り立つべく候、未だ爰元にも善兵衛弟、居申され候、我等書状にてもお気遣いなられべくと存じ、本多伊豆守留守居仕り候松本源兵衛と申す人の状、七郎右「衛門」様までさし越し、少しも気遣い無くなられべく候、人数の書付進じ候、

一、田代内記両陣にて切々と申し、貴公様御噂申しだし候、原勘三郎事我等誼に候間、お目に懸かられ申されべく候、今泉刑部右衛門方、貴様御介抱の由始め去らぬ事ながら御頼もしく存じ候、恐々謹言、

おって、申し上げ候印判、慮外に御座候へども、年（念）の為に御座候間此の如くに候、御免なられるべく候、

二月十六日　　山田弥五左衛門
名乗判
又角印

山村清兵衛様
人々御中

尚々、親に候者も別書をもって参られるべくそうらえ共、右に申す如く候、引き籠もり罷り有り候間、ご同意に申し上げ候、いつかいつか、お目に懸かり、積もり義申したく候、伊豆守は関東へ宰相殿の共に罷り下され候間、留守居松本源兵衛所より状遣し申され候、少しもお気遣い無く御通し成されるべく候、又、空き所もそうらわばそこ元にてお抱え候て下され候、以上、

【解説】（意訳）

一、書状を差し上げます。その後は久しく御意を得られず、どのようにしておられるか気に掛かっておりました。夏冬の大阪の両陣にてお尋ね致したく思っていましたが、手前が隙が無くできませんでした。京都に於いて原勘三と話をした折りに伺ったのですが、合戦後つつがなく帰陣されたと言う事を承り喜んでおります。我等も両陣共に何ごとも無く帰陣致しました。従い、手はずを申し合わせており、ご安心下さい。

一、この人は吉田善兵衛と申し、本多伊豆守寄騎でありましたが、暇をいただき、関東武蔵へ下ると言っております。木曽に於いて子供・郎党等足止めされていると聞きました。少しもかまう必要なき人物であり、何ごとも無くお通し下されるよう、その為、我等書状を遣わしますのでお頼み申します。

一、当国に御用の筋があれば申して下さい。宜しき様計らいます。

一、私の親の山田勝右衛門は疵を負って歩行が困難で、何方へも無沙汰しておりますが、貴方の噂は普段申しております。

一、玉生権太夫は討ち死にし、その子が跡を取っておりますのでご安心下さい。籠谷ゆうあんも当国におり、（貴殿の）噂をしております。

一、彼の浪人の親は吉田新左衛門と申します。中納言殿も特にご存じの者で、この善兵衛も奥州に於いて、直江山城守兼続殿の配下として、最上衆と合戦の時はずいぶん走り廻った若者で、普段の御用でも役に立つ者です。七郎右衛門様へ申しあげ、空きが御座いましたら、そちらへお抱えいただけますようお頼み致します。一段と律儀な成人です。我等も請け取りに参っても良いのですが、未だこちらにも善兵衛の弟が住んでおります。我等の書状でもお気遣いなられる事と存じあげ、本多伊豆守様の留守を預かる松本源兵衛と申す人の書状を七郎右衛門様まで差し出しますので、少しも気遣いなされないように。人数の書付を差し上げます。

一、田代内記が大阪の両陣にて貴公様の噂を申しておりました。原勘三は我等と誼の間で有り、お目に懸かりたいと申しております。今泉刑部右衛門は貴方様をご介抱の事、初めての事では無いにしても頼もしく思います。未だに住まいが定

まらずと申しておりました心配しております。
追而、申しあげます。印判は通常ではありませんが、年の為にこの様に致しました。お許し下さい。

（元和三年）二月十六日　山田弥五左衛門（名乗判・角印）

山村清兵衛様

なお、親は別に書状を差し出すでしょうが、右に申しあげたように、引き籠もっており、ご納得いただき申しあげています。いつかいつかお目に懸かり、積もり積もった事などを申しあげたく存じます。本多伊豆守は関東へ結城秀康殿のお供として下っておりますので、留守を預かる松本源兵衛様の所からも書状が遣わされますが、何の気遣いなくお通し下さい。また、空きがあればそちらで（家臣として）お抱えしていただきたい。以上。

＊山村清兵衛　木曽代官・木曽福島関守山村良勝の弟・三得。山田勝右衛門等の「大阪夏・冬の両陣」以来の知人。

＊山田弥五左衛門（越前結城藩結城秀康家老本多伊豆守富正家臣、山田勝右衛門悴）から木曽福島関所の代官山村清兵衛にあてた吉田父子解放の依頼書である。この二人は、大阪の陣における同輩で有った事が書中に知られ、その懇意を頼っての依頼であった。「吉田系図」に記載は無いが、吉田善兵衛は上杉景勝の下で、奥州最上攻めの合戦に参陣している事が記されている。また、この書状の中では律儀な若者であるので、空きが有ったら採用して欲しい等と記され大変興味深い。

＊田代内記・原勘三・今泉刑部右衛門も越前にいる。山村清兵衛の「大阪夏・冬の両陣」以来の知人。

なお、次の文書により、木曽福島関の一連の文書は総て元和三年と知られる。

吉田家文書40　**吉田善兵衛郎等人数之覚**（元和三年・一六一七年）本編88頁

**【読み下し文】**

吉田善兵衛郎等人数覚
一年三十四五の女　壱人
一年十二三の女子　壱人
一年六十計の女　壱人
一年十計の男子　壱人
一年八つ計の男子　壱人
一年五つの男子　壱人
一年三つの男子　壱人
以上、人数七人印
右は、越前より関東武蔵へ罷り下り候、御気遣い無く、お通し下され候、先々にも人止め御座そうらわば、御状を御指し添え下さるべく候、頼み奉り候、委細は書状に申しあげ候、
元和三年巳二月十六日　山田弥五左衛門（花押）
山村清兵衛様　印
参る

吉田家文書41　**松本源兵衛書状（写）**（元和三年・一六一七年）本編89頁

**【読み下し文】**

未だに御意を得られずと雖も、一書啓上致し候。仍、本多伊豆守家中の者に御座候、吉田善兵衛と申す人、伊豆守様暇を乞い、中山道を罷り下り候ところ、そこ元人改め御座候て、お留め為され候由承り候間、相違無くお通し成されるべく、申し入れ候。伊豆守方よりも、右の通り、申し入れ成されべきと雖も、少将殿江戸へお下りについて、供致され罷り下られ候間、我々式留守居に申し付けられについて、一書此の如く御座候。これ以前には、人改めも之無く様に候間、越年年寄り衆よりも手判を取り下げ申されず候。以来、善兵衛儀、何方よりもお通り候とて、御理もそうらはば、拙々式方へ仰せ下されるべきに候。相違無き者のこと候間、早々お通し候て下されるべきに候。少しもお気遣いなられまじく候、その為、書状をもって申し達候。恐々謹言

人数の覚え
年三十四、五　女房一人、
年十一、二　娘　一人
年十計りおのこ　一人
年八つ　同
年五つ　同
年三つ　同

年六十計り下女　一人
右、人数分相違無くお通し候て下されべき候、以上、
二月十六日　越前国本多伊豆守内
松本源兵衛
山村七郎右様参る
なお、ご様子の儀は山田弥五左よりも申し入れられるべき候。以上

【解説】（意訳）未だに御意を得られませんが、書状を差し上げます。本多伊豆守様家中である吉田善兵衛という者は、伊豆守様から暇を頂き、中山道を下っておりましたところ、そちらで人改めが有って、留め置かれているとのことを聞きましたが、何ごとも無く通していただきたい。本田伊豆守方よりも、右の通り申し入れたく思いますが、結城秀康少将殿は江戸に下向中で、お供されており、それが出来ません。我々、留守居を仰せつかっており、この様な書状を差し上げました。これまでは人改めも無く、越前の年寄衆からも許可を取ることは致さなかった。以来、善兵衛の事について、何れにおいても通行可能であり、理由があれば、折々に役人方へ申し出していただきたい。問題ない者であり、早々とお通し成されていただきたい。少しの気遣い成されることはありません。その為、書状をもって申し伝えます。

人かずの覚
年三十四五女房　壱人
年十一二娘　壱人
年十計おのこ　壱人
年八つ　同
年五つ　同
年三つ　同
年六十計下女　壱人
右の人数、間違いなくお通し下されたい。以上。
越前国本多伊豆守（富正）内
二月十六日　松本源兵衛（尉勝延）
山村七郎右（衛門）様
人々御中
追而、この様子の事については、山田弥五左衛門からも申し入れが有るでしょう。以上

書状の内容を要約するとこの様になる。元和三年、吉田新左衛門の木曽関所での足止めについて、本多伊豆守の用人から、木曽福島代官所役人の山村七郎右衛門への通行許可を依頼する書状で、藤田大学は、自らのつてを頼っただけでなく、公式に越前結城藩家老本多伊豆守（松本源兵衛代）からの通行許可依頼書を提出した。相当の肩入れようと言えよう。

山村七郎右衛門　木曽代官・木曽福島関守、山村良勝カ、通称十三郎・甚兵衛、木曽代官二代目、五千七百石。

## 吉田家文書42　逸見四郎左衛門書状（写）（元和三年・一六一七年カ）本編90頁

【読み下し文】
御状給候、そこ元ご無事満足この事に候、然るに、かの田地屋敷の儀、未だ五郎兵衛相渡さず申さずの由候間、金兵衛殿へ申すべき候が、五・三日の内は隙も知れ申さず候間、まずまず、才三郎越し申さず候、ここ元様子済み次第、越すべく申し候、どう敷折り節に御座候間、甚兵衛をば返し申し候、もし、成りかねそうらわば、半分は不入者と存じ候、兎角、金兵衛殿へ申して、御左右申すべく候条、日あたわず候、恐々謹言
五月二十四日　逸見四郎左衛門（花押）
吉田新左衛門様
人々様
尚々、田地屋敷の儀、未だ渡し申さずの由候間、五郎兵衛所へ状越し、申し候らへば、半分渡し申し候由、申しきたり候、とかく、金兵衛殿申し候て御報申すべく候、おばじゃ人、御達者の由、大慶この事に候、以上
「この書吉田新左衛門方にこれあり候」

【解説】（意訳）
書状を頂きました。そなたがご無事であることに満足しております。さて、かの田畑屋敷の事について未だに五郎兵衛から渡されていないと言うことで、（大河内）金兵衛殿へ申し入れようとしていますが数日の内に暇があれば申し入れようと思います。まずは才三郎が来られて申すべきで、そちらでの用事が済み

次第、こちらに来られて申しあげるべきでしょう。忙しき折ですので甚兵衛をお返しいたします。もし、そのようにならないならば、半分は入手できないと考える事で、いずれにしてもまずは、（大河内）金兵衛殿に申し入れて、御差配をお願いしなければなりません。日は判りません。恐れながら謹んで申し上げます。

五月二十四日　逸見四郎左衛門忠（助）　判

吉田新左衛門様

皆々様

なお、田畑屋敷の事は未だに渡されていないとの事で、五郎兵衛の所へ書状を出したところ、半分は渡しても良いと言ってきました。とにかく（大河内）金兵衛殿に申しあげて、連絡をいたします。伯母を始め、皆さんは御達者との事、大変喜ばしく思います。

この文書は、吉田新左衛門の武蔵帰郷に際して、徳川家旗本として仕官している逸見四郎左衛門が、秩父の代官大河内金兵衛に土地の宛行を申し入れているが、未だそれが出来ずにいる事、そして、或いは予定の土地の半分になることもあり得ると連絡している。書状が出されたのは、帰郷中の元和三年の事であろう。また、この書状によって、逸見四郎左衛門は、吉田善兵衛（新左衛門）信重と義兄弟の関係にあった事が確認できる。『寛政重修諸家譜』の逸見系図では、逸見十八郎娘は吉田新左衛門真重の妻、そして、その娘が逸見四郎左衛門の妻とされる。この逸見氏の二人は、上杉景勝家臣として分限帳に見られる。

### 吉田家文書43　**大河内金兵衛書状（写）**（元和四年・一六一八年カ）本編91頁

**【読み下し文】**

お預かりの御書中に候、仰せ下され候如く、久々御意を得ず候、小鹿野田地・屋敷の義、半分貴様肝煎りの人に出し申し候、半分は去る冬、秩父の者に出し申し候、ここ元取り込み申し候間、早々御報申し候、恐惶謹言、

大河内金兵衛

三月七日　（花押）

逸見四郎左様御報

尚々、取り込み申し候間、早々返事申し候、

おって、新左衛門分の高半分、出し申し候、以上

**【解説】**（意訳）

頂いた書状に申されているとおりです。長く御意を得る事ができませんでしたが、小鹿野の田地屋敷の半分を、貴殿が推薦する人に与える事としました。半分は昨年の冬、秩父の者に与えました。こちらも取り込んでおりますが、まずは急ぎ連絡まで。

三月七日　大河内金兵衛（花押）

逸見四郎左衛門様へ御報告

なお、取り込み中ですが急ぎ御返事致しました。以上、

追って、（吉田）新左衛門の分として（田畑屋敷の）高の半分を出しておきました。以上。

逸見四郎左衛門の働き掛けによりようやく吉田善兵衛への屋敷地宛行の許可が下りた。当所の予定から半分となったが、故郷への安住の地が見つかったと言う事だろう。吉田氏の帰郷に間にあわず、帰郷してから約一年が経過していたと思われる。

### 吉田家文書44　**東使弥四郎・弥次左衛門書状（写）**

（延宝八年・一六八一年）本編92頁

**【読み下し文】**

御同性茂右門殿より貴札預り候に付、幸便と存じ奉り、一筆啓上せしめ候、先づ以って、御一家御親類中相替り儀も御座無き候由、大祝仕り候、私家内も相替る事も只今は御座無き候、弥次右衛門方も別條御座無き候、御心易く思召られるべく候。

一、遠方に付、久々書状を以って申上ず、御無音本意に背き存じ候、只今幸便と存じ申上候へ共、状数多く殊に急使故、早々申上げ候、此れ以後は、茂右衛門殿迄の状の儀、願い奉り候、貴公様よりも御答出され、細く貴札預かり申し度く候。

一、私伯父同孫七、七年以前、八月廿九日、相い果て申し候、法名本徹澄源と申し候、浄土宗。私祖母三年以前、四月二日、相い果て申候、法名溝聖院妙賢日浄大禅尼　法花宗、九十六歳にて逝去仕り候。

一、弥四郎子供惣領喜右衛門廿歳に罷り成り候、二男一元十九歳、亀右門只今は名代勤させ申し候、私、隠居仕りべくと存じ候。
一、弥次左衛門子供、惣領新六廿歳、二男福次郎十二歳、三男荒之助五歳、以上三人御座候、貴公様并に弥兵衛様は御子息様方、并に親類中には銘々に御六ケ敷候共、御書付下されるべきに候由、茂左衛門殿迄は申し上げ、幸便に納め候、御書付申されべく候、余り疎遠に付、此の如く御座候。

東使弥四郎
真圀（花押）
同弥次左衛門
（花押）

申ノ正月十六日

吉田　一　學様
同　　弥兵衛様

猶々、茂右衛門殿御子息様儀仰せ下され候、委細茂右衛門殿迄申達つ候、様子御聞下されるべき候、當所にては親類共多く、御座候へ共、他所には天下に壱人も外に御座無き候、貴公方計りに候故、御ゆかしく存じ奉り候、弥四郎二男、一元事は医者の心がけにて學問仕り候、其地へも参る事も御座有るべく候、其節は各々様、頼入奉り候。

【解説】（意訳）御同姓の茂右衛門様より預かった貴殿からの書状について、幸便で一筆差し上げることにします。御親類中で変わったことがない事につきましても大祝に存じます。私の家内も相変わらず只今何も御座いません。弥次右衛門方も別に変わったことはありません。ご安心下さい。
一、遠方に付、久々書状をもって申し上げず、ご無沙汰は本意では有りませんが、書状が多く、ことに急使ゆえ急ぎ申し上げます。これ以後は茂左右衛門殿まで書状の件に付お願い致します。あなた様よりも細かくしたためた書状を出していただきたく思います。
一、私叔父、東使孫七、七年前の八月二十九日亡くなりました。法名本徹澄源と申候浄土宗。私の祖母三年前に四月二日亡くなりました。法名憐聖院妙賢日浄大禅尼　法花宗、九十六歳。
一、弥四郎子供、惣領喜右衛門二十才になりました。二男一元は十九才、喜右衛門只今は名代を勤めております。私は隠居を致しています。
一、弥次左衛門子供、惣領新六二十才、二男福次郎十二才、三男荒之助五才、以上三人おります。貴公様並びに弥兵衛様は子息様方並びに親類　中には銘々にむかじき候共、御書付を頂きたい旨、茂左衛門殿までは申し上げました。ご都合の良い時の便りに、御書付に記して頂きたい。大変疎遠になっており、このようにお願い致します。恐々謹言

東使弥四郎
真圀（花押）
同弥次左衛門
（花押）

申ノ正月十六日

吉田　一　學様
同　　弥兵衛様

猶々、茂左衛門殿のご子息様のことに付いて仰せになられた事は詳しく茂左衛門殿まで申し上げました。様子をお聞き下されたくお願いします。当所では親類が多く有りますが、他の処は天下に一人も御座いません。貴公方ばかりですので、懐かしく存じます。弥四郎二男一元は医者を心掛け勉強中で、そちらへ参ることも有ろうかと思いますが、その節は皆々様宜しくお願いします。

## 吉田家文書45　**東使喜右衛門・一元・新六書状（写）**

（延宝八年・一六八〇年）本編93頁

【読み下し文】
御同姓茂右衛門殿より預かり貴札に付き、幸便と存じ奉り、啓上せしめ候、まずもって貴公様御堅固成られ御座候内、珍重浅からず、大祝仕り候、当地別状無く御座候、委しくは親共方より申し進らせ候、喜右衛門当年二十才に罷り成り候、息災奉公勤め罷り有り候、弥四郎惣領御座候一元、当年十九に罷り成り候、弥四郎二男にて御座候、これは医者の心掛けにて学問仕り罷り有り候、新六当年十六才に罷り成り候、弥次左衛門惣領に御座候、喜右衛門と同役に御座候て、息災にて奉公勤め申し候、遠国に御座候て、飛脚を以て、仕まつらず儀を以て、御無音仕り候、当国よりは幸便御座無き候間、これ以後は、茂右衛門殿まで書状頼み上げ、申すべく候、折々は御状御越なされ、下されるべき候、貴公様方ご子息様へ、書状をもって申し上げたくそうらえども、御名を存ぜず候に付き、その儀能わず、幸便の砌、貴札にあずかりそうらわば忝く候、付いては、夫れ、一元事牢人に御座そうらえば頼み奉るべく候、当表御用等御座そ

うらわば、仰ぎ蒙るべきに候、なお、御音の時を期し候、

弥四郎惣領
東使喜右衛門
真秀（花押）
同　一　元
同　真昭（花押）
同　新　六
義親（花押）

延寶八年
申ノ正月十六日
吉田　一　學様
同　弥兵衛様

なお、当国には高野山・根来山等の見所候、誰行く処御座候、少し思し召し立当国の見物ながら、お出来たり待ち入り候。

【解説】（意訳）東使茂右衛門殿より預かった貴書状については幸便と思い申し上げます。まずは貴公様ご堅固であられ、大変珍しくご同慶申し上げます。当地では特に変わったことはなく、詳しくは親共からも申し上げ候。喜右衛門当年二十才二なり、息災にて奉公に勤めております。弥四郎惣領である一元は当年十九になり、弥四郎二男ですが、これは医者を心掛け学問しています。新六は当年十六才になりました。弥次左衛門惣領で喜右衛門と同役で息災にて奉公勤めております。遠国に御座いますので、ご無沙汰をしておりますが、当国よりは幸便の舞が有って、これ以後は茂右衛門殿まで書状を頼みあげ申すべき候。折々は御状をこちらへ下されたい。貴公様ご子息へ書状をもって申し上げたく思いますが、御名を存じ上げていませんので幸便の折、書状に記して頂ければ差し出せます。一元は牢人ですのでどのようになるかわかりませんが、万一のことがあれば頼みます。当表御用など有れば承ります。なお、後の音信に期します。

弥四郎惣領
東使喜右衛門
真房（花押）
同　一　元
同　真昭（花押）
同　新　六
義親（花押）

延寶八年
申ノ正月十六日
吉田　一　學(重基)様
同　弥兵衛(時重)様

なお、当国には高野山・根来山等の見所や、誰もが行く所が御座いますので少しお考えになられて、当国の見物がてら、お出で頂きたくお待ちしております。

延宝八年（一六八〇）に紀州の徳川に仕える東使弾正の遺族からの書状で近況を知らせてきた。慶長七年（一六〇二）に会津で浪人して以来七十八年、越前を発ってからは六十三年ぶりの音信というところなのであろうか。越前を発った時に十才であった重基（一学）は、既に七十三才と成っていた。

吉田家文書46　**宮城神五郎書状（写）**（延享五年・一七四八年）本編94頁

【読み下し文】「重英は江戸四谷大木戸際二十五騎町岩田喜内父、恒足軒案内、延享五年戊辰二月二十八日、北條美濃守へお目見え、取次、御家中宮城神五郎、文章これ有り」

昨日は貴報ながら御納書拝見、然らば、吉田弥四郎殿は御先手御弓組与力の舎兄に御座候由、なにとぞ旦那触れられ候様、来られたく由、御紙面の趣き委細承知致し候、先だって御意を得候通り、此の節、内用これあり、一両日多くの行罷り有られ候、その内見合い、これによりご案内申し入れべく候、併せて、他国の味方それればかりによくよく、御逗留の儀ハ如何に候間、春中重ねて御来府の節来るとも謁申されるべき候、その他御念に入り候、御紙上共御座そうらえども任に紛れ御心易く能わず一二候、以上、

二月二十四日
岩田恒足軒様　　宮城神五郎

尚々、池田半七へ御伝言申し聞かせ候ところ毎々忝なき由御礼申し上げ候、

（下段部分）

愈（いよいよ）御堅固来られるべき御暮、珍重存じ奉り候、しからば、先だって、仰せられ聞こえ候、吉田弥四郎殿の儀、明二十八日、美濃守様在宿致され候間、お出来候様御伝達下されるべきに候、先日御意を得候通り、類焼後、鍛住居の儀、無濁の場所もこれなく候へ共、貴様より、達し、仰

せられ聞こえ候事ゆへ、明日謁られ留べきと申し上げ候、右の段宜しくご通達下されるべく候、以上。

二月二十七日　宮城神五郎

岩田恒足軒様

「右二通切紙にてこの如し」

【解説】二通の書状の前に重英以下の書き込みが有る。ここには弥四郎重英が延享五年二月二十八日に北條美濃守へ御目見得云々とある。此の二通の書状は、吉田弥四郎重英が、北條家の重臣宮城神五郎に、北條家当主・北條美濃守の下へ拝謁を願っていた事に対する返答の書状である。二十四日の書状では多用の為に予定が立てられないがその内にといっていたが、二十七日の書状で、明日拝謁できると伝えてきた。この美濃守への拝謁は、吉田氏の所有する北条氏関係史料をご覧に入れるという事であり、このために、今日我々が目にする『吉田系図』が作成され、その下書が吉田氏の元に残り、今日、小鹿野町教育委員会が預かり、保管しているものであろう。

吉田家文書47　**宮城神五郎書状（写）**（延享五年・一七四八年）本編95頁

【読み下し文】

一筆啓上候、弥、ご堅固、ご逗留珍重、存じ候、然らば、先日のご挨拶昨日美濃守方へお出でに付、拙宅へもお出で預かり、殊に一品ご持参御念に入り御事、かたじけなく存じ候、折り節他出、御意残り多きの次第候、右御礼、御意を得られたく、此の如く御座候、恐惶謹言

宮城神五郎

三月朔日　豊祇（花押）

吉田弥四郎（重英）様

皆々様

「この節、北条家御判物ならびに書付、残らずご高覧に入れ候、都合三十八通」

【解説】河内狭山藩主北条美濃守に謁見した時、取り次ぎした宮城氏宅に挨拶に立ち寄った事への礼状。

北条家の判物と書付三十八通を見せたと記す。

この記録によって、吉田家には少なくとも三十八通の本通が存在したことが知られる。

この他に、吉田家旧四十四号~旧八十四号の文書が知られるが、吉田新左衛門に直接関わるものではなく、これらは江戸時代の文書で貞享四年（一六八七）寛保三年（一七四三）までの物である。今回は除外した。

## 勝呂山口家文書　小川町勝呂　山口俊夫氏蔵

勝呂山口家文書1　**北条氏邦朱印状**（永禄九年・一五六六年）本編96頁

【読み下し文】

一貫三百文の所、少林寺門前分の内にて出し候、走り廻るべきもの也、よってくだんのごとし、

永禄九年ひのえとら年（氏邦朱印Ⅰ型）

五月五日　三山五郎兵衛

之を奉る

山口二郎五郎との

【解説】勝呂に在住の山口氏宅に残される朱印状で、印影が鮮明に確認できる史料。

藤田氏の本拠であった、寄居町末野の藤田氏菩提寺と伝える少林寺門前の土地を山口二郎五郎に与えると言う内容である。

勝呂山口家文書2　**北条氏邦朱印状**（永禄九年・一五六六年）本編97頁

【読み下し文】

九百四十四文末野の内、検地増分、改めてこれを下されるもの也、よってくだんのごとし、

永禄九年ひのえとら（氏邦朱印Ⅰ型）

十二月九日　三山五郎兵衛

奉る

山口二郎五郎殿

【解説】前の朱印状で宛行われた末野の少林寺門前の地域に、この年検地が行われ、吉田氏が貰った土地の増分が確認されている。この分を改めて追認され、宛行地の増が認められた。ここは先に述べたように、藤田氏の本拠であったところで有るが、その権威が失われ、北条氏邦は検地を早くも実施し、藤田旧領の解体を進めたのであろう。

勝呂山口家文書3　**北条氏邦朱印状**（天正四年・一五七六年）本編98頁

【読み下し文】

軍法の事

一、差物、四方地黒、いずれも新しく致すべき事、
一、立物、金か銀か、
一、弓担ぎまで、走り当て、皮笠着せべし、御陣へ童一連れまじき事、
一、手蓋、定めの如く致す事、
一、楯、長さ二尺五寸、広さ七寸、厚さ五分の楯、一枚づつ拵え持たせべき事、
一、差物、竿に巻き候事堅く法度の事、外す毎に皮子に入れべく、羽織、平生着ざるように嗜み着せべき事、
以上、
右は、七夕以前出来させ、お目に懸けるべき事、よってくだんのごとし、

子六月十三日（氏邦朱印Ⅱ型）
山口雅楽助殿

（意訳）

軍法の事

一、差物は、四方（の形で）地は黒にして、いずれも新しい物である事、
一、兜の立物は、金か銀で飾る事、
一、弓持ちまで、脛当て・皮笠を着せる事、陣中へ子供は連れてこない事、
一、手蓋は、定めのようにする事、
一、楯は、長さ二尺五寸・広さ七寸・厚さ五分の楯を一枚づつ拵えて持たせる事、
一、差物は、竿に巻く事は絶対してはいけない、外す毎に皮子に入れる事、羽織は、普段は着ないで、用意して置く事、
以上、
右は、七夕以前に用意いたし、披露するべき事、

子六月十三日（氏邦朱印Ⅱ型）
山口雅楽助殿

【解説】天正二年～天正四年にかけて、北条氏邦は次々と軍法に関する朱印状を発給している。この山口氏の物もその一つである。この文面から知られる山口雅楽助の軍装を復元してみると、山口氏本人は金銀で飾られた前立をつけた甲冑を着て、四方に造られた黒の旗差物を背中に差し、縦二尺五寸、横七寸、厚さ五分の楯を持って馬に乗っていたと見られる。従者の弓持ちは皮笠を被り、手蓋・脛当てを付け、同行していた。甲を金銀で飾り、鎧の上に羽織を出陣時に着ることなど、黒備えとしている様子が伺え、鉢形領内の被官武士の一般的な備えを命じられていると考えられる。これによれば、弓持ちまで脛当てを着けるところが、出浦氏のものは手蓋となっている事と、手蓋については軍法の通りとすると追加されている。また、山口氏が弓を持つのに対して、出浦氏は鑓持ちを従えるところに違いが認められるだけであり、両者共に同等の武将であった事が知られる。

**天徳寺文書　秩父市吉田久長　天徳寺蔵（住職・齋藤大仙氏）**

天徳寺文書　**北条氏邦朱印状**（永禄八年・一五八五年）本編99頁

【読み下し文】

久長の内、天徳寺門前従り出す船役、壱艘の分、免許せしめるもの也、よってくだんのごとし

丑（氏邦朱印Ⅰ型）これを奉る
正月七日　三山五郎兵衛

用土新六郎殿

【解説】北条氏邦が朱印状を発給してから半年後の朱印状である。この文書は、県内に知られる鉢形領内最後の用土氏関係史料であり、以後、用土氏に関する史料は、天正八年、沼田城を武田勝頼に引き渡した以後の藤田信吉のものとなる。天徳寺の南を流れる赤平川の舟運の存在を示す貴重な文書で、戦国期から河川を利用した舟運が行われ、それに対して北条氏が舟役を課していたことを確認できる史料となる。戦国期の荒川流域の舟運の存在を確認できる具体的な史料はこの一点であるが、この他、永禄十一年に原谷の斎藤八右衛門に出された「関津料・小口免許」と記された史料も舟運や筏流しの存在を確認する物と考えている。また、江戸期に入っての史料であるが、氏邦家臣として活躍をした野巻の逸見氏や大淵の金室氏、荒川の持田氏は、木材運搬を担う筏の管理・監視として活躍したことが知られる史料が残されている。

参考文献


赤見初夫　一九九四「榛名峠城と権現山城及び雨乞山の要害について―城の変遷とその位置をめぐって―」『群馬文化』二三九号
浅倉直美　一九八三「後北条氏と用土新左衛門尉」『戦国史研究』六号
一九九七『後北条領国の地域的展開』岩田書院
二〇一〇「解説　乙千代の藤田入婿と鉢形領の成立」『論集戦国大名と国衆2　北条氏邦と武蔵藤田氏』岩田書院
浅倉直美　二〇一八「鉢形領の拡大とその意義」『北条氏邦の鉢形領を支えた人びと』シンポジュウム資料集
浅倉直美編　二〇一〇『論集戦国大名と国衆3　北条氏邦と猪俣邦憲』岩田書院
新井浩文　二〇〇四「江南町周辺の「領」と領主支配」『江南町史』通史編上巻
梅沢太久夫　二〇一三『戦国の境目』―秩父谷の城と武将―まつやま書房
梅沢太久夫　二〇一五『北条氏邦と鉢形領支配』まつやま書房
栗原一夫　二〇〇七『逸見若狭守の研究』
群書類従完成会　一九八二『群書類従』「寛政重修諸家譜」巻百三十八
埼玉県　一九八〇『新編埼玉県史』資料編六　中世二　古文書二
埼玉県教育委員会　二〇一四『埼玉県史料叢書12』中世新出重要史料二
埼玉県立図書館編　一九六五『埼玉の中世文書』
埼玉県立文書館　一九八五『北条氏邦文書展』特別展解説
柴田常恵・稲村坦元　編　一九二九『埼玉叢書』巻二
杉山博・下山治久編　一九八九～『戦国遺文』後北条氏編　一～五　東京堂出版
下山治久編　二〇〇〇『戦国遺文』後北条氏編　補遺　東京堂出版
下山治久編　二〇一〇『戦国時代年表』後北条氏編　東京堂出版
秩父郡市文化財保護協会　二〇〇一『中世の秩父』資料集
福井市　一九八八『福井市史』
福島幸八　一九六八『吉田家文書の調査』小鹿野町教育委員会
矢田俊文ほか編　二〇〇八『上杉氏分限帳』高志書院
両神村　一九八五～『両神村史』資料編1～4
『諸州古文書』十二武州　国立公文書館蔵
『武州文書』秩父郡　国立公文書館蔵

## あとがき

鉢形領内に遺されてきた戦国史料の悉皆調査に着手してから二年が経過しました。調査は会員の皆さんの協力を得て、少しずつその成果を上げてきているところです。『新編埼玉県史』資料編6を紐解いた頃は、気楽にその釈文を解釈していたが、研究を深めていく内に、その解釈が如何に不十分な物で、的外れな解釈をしていたかを恥じることが多くありました。

しかし、これらの史料は、それが出された時代の歴史的背景をもとにして、それを受け取った人々の生きた時代と、その地域の生活の有り様を具体的に考えることが出来る唯一の史料なのです。これまでにも様々な史料に触れる機会が多くありましたが、今回の調査を通じて、新たな史料に触れ、更に、具体的な史料観を考えさせられることが多々有りました。そのような中で史料調査を行いながら、その史料の研究を専門的な立場で行う方々や、歴史に関心が深い地域の方々と意思疎通を図り行う事が、如何に大切かを実感しているこの頃です。

今回も、新井代表が申し述べているとおり、地域の人々に伝えていくための工夫も大切です。この様な試みも、史料を如何に解釈し、史料のもっているその時代の人々の生活の有り様や、生き様に触れて考える手段として、その必要性が無いとは言えないと考えています。

もとより、古文書については、まさに素人の域を出ない筆者ですが、乞われるままに、浅学非才を顧みず、私なりの解釈で綴ってみました。大きな齟齬がある事を危惧もしていますが、記録した意図をご理解頂き、手にとって頂けたらありがたいと思います。

なお、本文作成に当たっては、細かい点まで栗原一夫氏にアドバイスを頂きながら行いました。米寿を迎えられた栗原翁に、お祝いと感謝を申し上げ、ますますのご長寿を願っています。

（梅沢太久夫）


二〇一九年三月二十四日発行

**鉢形領内に遺された戦国史料集　第一集　別編**

秩父歴史文化研究会
会長　大堅鴻風

発行・編集　鉢形領内における北条氏邦を支えた人びとの調査研究部会
代表　新井克彦
秩父市下影森四六〇ー四三新井克彦方


埼玉県文化振興基金